Jean Ziegler

DIE SCHANDE EUROPAS

Von Flüchtlingen und Menschenrechten

Mit einem aktuellen Vorwort

Aus dem Französischen übertragen von Hainer Kober

PENGUIN VERLAG

Die Originalausgabe erschien 2020 unter dem Titel
Lesbos. La Honte d'Europe
bei Éditions du Seuil, Paris.

Penguin Random House Verlagsgruppe FSC® N001967

1. Auflage 2022
Covergestaltung: Büro Jorge Schmidt, München
Satz: Uhl + Massopust, Aalen
Druck und Bindung: GGP Media GmbH, Pößneck
Printed in Germany
ISBN 978-3-328-10884-9
www.penguin-verlag.de

Wer könnte jetzt noch antworten auf die entsetzliche
Hartnäckigkeit des Verbrechens, wenn nicht die
Hartnäckigkeit des Zeugnisses?

Albert Camus

VORWORT

Immer und schlimmer noch …

Die Flammen haben die Nacht in blendendes Licht getaucht und alles verschlungen – die endlosen Reihen von Gemeinschaftszelten, Tausende von Wohncontainern, die alte Kaserne, die Fertigbau-Büros der Europäischen Union, die vier Polizeistationen, die Baracken der Lagerleitung und andere Verwaltungseinrichtungen des griechischen Staates, die Lebensmitteldepots, die notdürftigen sanitären Einrichtungen, die Notunterkünfte aus Ästen und Plastikplanen in den Olivenhainen.

Die Feuer waren in der Nacht vom 8. auf den 9. September 2020 kurz vor Mitternacht ausgebrochen. Ein heftiger Wind verwandelte die Hügel von Moria in ein Höllenfeuer, sodass die aus Mytilini und anderen Ortschaften der Insel herbeigerufenen Feuerwehrleute keine Möglichkeit hatten, wirksam einzugreifen. In weniger als acht Stunden war das größte Flüchtlingslager, das jemals auf europäischem Boden errichtet worden war, zu einem Haufen Asche, verkrümmten Blechen, Resten von verbranntem Kunststoff und ausgeglühten Steinen zusammengeschmolzen.

Wie durch ein Wunder wachten die meisten Flüchtlinge rechtzeitig auf und konnten fliehen. Bis heute weigern sich die griechischen Behörden, Zahl und Identität der Opfer bekannt zu geben.

Das Schweigen schließt auch die Identität der Brandstifter ein. An vier verschiedenen Orten des riesigen Auffanglagers und an anderen Stellen der inoffiziellen Lager in den Olivenhainen hat man Benzinkanister gefunden.

Funktionäre des UN-Hochkommissariats für Flüchtlinge und Mitarbeiter von Nichtregierungsorganisationen, die auf der Insel tätig sind, äußerten in Gesprächen mit dem Autor den – auf Indizien gestützten – Verdacht, die Täter seien rechtsradikalen griechischen Gruppen zuzuordnen. In den Wochen vor der Katastrophe hatten solche Gruppen, vom Festland kommend, wiederholt Aktivisten der Zivilgesellschaft sehr brutal angegriffen, ihre Büros in Mytilini zerstört, ihre Autos auf dem Weg nach Moria abgefangen und in Brand gesteckt.[1]

Die Tage, die auf das Inferno folgten, waren von den Leiden Tausender Männer, Frauen und Kinder geprägt, die in die Hügel geflüchtet waren und dort praktisch ohne Nahrung, Wasser und Medikamente ausharrten. Viele von ihnen litten unter Wunden, Verbrennungen und Vergiftungen. In schwarze Uniformen gekleidet, mit Kriegswaffen ausgerüstet, versperrten griechische Bereitschaftspolizisten mit ihren

---

[1] Tatsächlich wurden sechs Verdächtige, 17- bis 19-jährige Afghanen, als mutmaßliche Brandstifter verhaftet und 2021 von einem griechischen Gericht zu Haftstrafen von 5 bzw. 10 Jahren verurteilt.

gepanzerten Fahrzeugen die Zufahrtstraßen nach Mytilini und zum einzigen auf der Insel vorhandenen Krankenhaus.

Wahrscheinlich werden wir nie erfahren, was diese Menschen mit ihren schrecklichen Verbrennungen an Körper und Gesicht durchgemacht haben, hilflos sich selbst überlassen in den Hügeln.

Die Überlebenden der Tragödie von Moria verlangten, dass man sie unverzüglich auf das Festland verbringe. Vergebliche Hoffnung. Notis Mitarakis, Minister für Einwanderung und Asyl, erklärte: »Die Flüchtlinge glaubten, wenn sie Moria ansteckten, könnten sie die Insel einfach verlassen. Ich erkläre ihnen hier in aller Deutlichkeit: Das könnt ihr vergessen!«[2]

Keine vierzig Stunden nach der Tragödie bearbeitete die Armee mit Bulldozern, Baggern, Kränen und anderen Baugeräten nördlich von Mytilini ein altes Schießgelände am Meer, das den Unbilden des Wetters und Überflutungen schutzlos ausgesetzt ist. Hinter einer vier Meter hohen Umzäunung und dreifach verlegtem NATO-Stacheldraht errichteten die Soldaten dort ein neues Lager.

Von Leid und Hunger getrieben, begaben sich die Flüchtlingsfamilien, die sich über die Hügel und die Schluchten an den Meeresbuchten verstreut hatten, in die Einzäunung des neuen Lagers. Ein Lager, das von 350 Angehörigen einer Spezialeinheit bewacht wird. Ein Gefangenenlager, das hermetisch abgeschottet ist. Sein Name: Kara Tepe (türkisch: Schwarzer Hügel).

---

[2] *Tages-Anzeiger*, Zürich, 15. September 2020.

Nachdem es einigen internationalen Journalisten gelungen war, sich nach Lesbos zu begeben und die Tragödie der Überlebenden zu dokumentieren, reagierte die europäische Öffentlichkeit mit einer Welle der Empörung, so dass sich die Europäische Kommission zu einer Reaktion gezwungen sah.

Der Grieche Margarítis Schinás, Vizepräsident der EU-Kommission und Kommissar für den Schutz der europäischen Lebensweise zuständig, legte am 23. September 2020 im großen Pressesaal des Berlaymont-Gebäudes in Brüssel einen neuen »Pakt für Migration und Asyl« vor. Dieser nimmt, fast in unverändertem Wortlaut, alle Maßnahmen wieder auf, die der alte Pakt vorgesehen, aber nie in die Tat umgesetzt hat: rasche Abschiebung abgelehnter Asylbewerber, Beschleunigung der Asylverfahren, Verbesserung der Aufnahme sowie der sozialen, alimentären, hygienischen und medizinischen Versorgung der Asylbewerber in den Lagern.

Eine einzige neue Richtlinie: Der neue Pakt erwähnt mit keinem Wort den 2016 verhandelten Plan, die Flüchtlinge auf die Mitgliedstaaten der EU zu verteilen. Die rechtsextremen Regierungen in Mittel- und Osteuropa, die sich weigern, auch nur einen einzigen Flüchtling aufzunehmen, sind fortan von allen Verpflichtungen dieser Art entbunden und haben nicht mehr die geringste Sanktion zu befürchten (wie etwa die Suspendierung der Euromilliarden, die ihnen jährlich aus dem Europäischen Kohäsionsfonds gezahlt werden). Dafür wird eine neue Verpflichtung geschaffen: Diese xenophoben, flüchtlingsfeindlichen Regierungen sollen sich künftig finanziell an den Kosten für die Abschiebung und Rückführung der abgelehnten Asylbewerber beteiligen (*return sponsorship).*

Fünfzehn Monate sind vergangen. Die Nachrichten, die wir von Ärzten ohne Grenzen, Amnesty International, medico international und anderen Organisationen der Zivilgesellschaft haben, lassen darauf schließen, dass die meisten Mängel und absichtlichen Pannen, die Moria in eine Hölle verwandelt hatten, sich in Kara Tepe fortsetzen werden: Unzureichende und manchmal verdorbene Nahrung, Mangel an Toiletten und Duschen, überfüllte Container und Zelte, entsetzliche hygienische Zustände, fast vollkommener Mangel an medizinischer Versorgung, systematische Brutalitäten und Provokationen der griechischen Polizei, Verzweiflung, psychische Erkrankungen, Selbstverstümmelung bei Kindern, zahlreiche Selbstmordversuche.

In der Ägäis machen die Kriegsschiffe von NATO und FRONTEX und die MG-bestückten griechischen Küstenwachtboote weiterhin Jagd auf die Flüchtlingsboote, stoppen sie brutal, bringen sie oft zum Kentern und nehmen erbarmungslos in Kauf, dass Opfer ertrinken. Seit Kurzem ist eine neue Strategie zu beobachten. Flüchtlinge, denen es gelingt, diesen Push-Back-Manövern, wie sie genannt werden, zu entgehen und eine Bucht von Lesbos zu erreichen, werden von der griechischen Polizei gezwungen, wieder in ihre Schlauchboote zu klettern. Dann werden sie gewaltsam ins Meer zurückgestoßen.

In der Ägäis und allen anderen Hotspots des Mittelmeers beharrt die EU in den Erstaufnahmezentren, die sie eingerichtet hat, auf ihrer Strategie der Abschreckung, des Terrors und der Missachtung des Asylrechts.

Wie Push-Backs in der Ägäis funktionieren, beschreibt Erik Marquardt, deutscher Europa-Abgeordneter von der Partei der Grünen: »Überfüllte Schlauchboote werden mitten in der Nacht in türkische Gewässer zurückgedrängt. Dabei dreschen vermummte Beamte aus EU-Staaten mit Eisenstangen auf die Boote ein und geben Warnschüsse ab.«[3]

Der Regisseur Milo Rau klagt an, eine spezifische Waffe der FRONTEX sei das »Ertrinkenlassen«.[4] FRONTEX soll 2022 auf 11 000 Frauen und Männer aufgestockt werden. Das Budget soll sich bis 2026 auf 14,2 Milliarden Euro erhöhen.

»Search and Rescue« lautet das Mandat von FRONTEX und der von ihr kontrollierten nationalen Küstenwachen. »Search« steht für »Flüchtlinge ausfindig machen«, »rescue« für »Flüchtlinge retten«. Welch ein Hohn!

In großer Zahl ertrinken im zentralen Mittelmeer Flüchtlinge, Kinder, Männer und Frauen, die oft vergeblich auf Rettung warten. Ein Beispiel: In der Nacht vom 21. auf den 22. April 2021 erreicht ein Notruf das Rettungsschiff Ocean Viking, das von der NGO *SOS Méditerranée* finanziert wird. Ein überfülltes Flüchtlingsboot ist

---

[3] Erik Marquardt, in seinem Untersuchungsbericht für das EU-Parlament »Europa schafft sich ab«, 2021.

[4] In: »Kölner Erklärung für eine Politik der Gerechtigkeit und der Menschlichkeit«, 2021.

in Seenot vor der libyschen Küste. Ocean Viking ist über zehn Stunden von der Unfallstelle entfernt.

Der Sturm wühlt das Meer auf. Luisa Albera, die Kapitänin, alarmiert sämtliche möglichen Behörden, in Italien, Malta, Libyen. Um 19 Uhr am 22. April kommt schließlich ein Mayday (Notruf) von FRONTEX. Hilfe für die sterbenden Flüchtlinge gibt es keine. Als die Ocean Viking endlich vor der libyschen Küste erscheint, ist von dem vom Sturm geschüttelten Schlauchboot praktisch nichts mehr übrig. Luisa Albera berichtet: »An verschiedenen Stellen des nun wieder ruhigen, grauen Meeres sehen wir bunte Schwimmwesten, die die Leichname umhüllen, und Gesichter, die von einem Ausdruck äußersten Schreckens gezeichnet sind.«[5] 130 Menschen waren ertrunken in dieser einen Nacht.

An den südlichen und östlichen Territorialgrenzen der »Festung Europa« agieren FRONTEX und die von ihr abhängigen nationalen Grenzschützer schlimmer denn je.

Kroatien wurde 2013 EU-Mitglied. Jenseits der südlichen Außengrenzen der EU – in Sarajewo, Bihac und anderen Städten Bosnien-Herzegowinas vegetieren Zehntausende von Flüchtlingen unter meist unmenschlichen Bedingungen. Sie stammen aus Syrien, aus Afghanistan, aus dem Südsudan, aus Palästina, aus dem Irak und dem Iran.

---

5   In: Libération, Paris, 3. Mai 2021; gemäß einem Bericht des UN-Hochkommissariats für Flüchtlinge sind in den ersten sieben Monaten 2021 1465 Menschen ertrunken.

Mittels Drohnen überwacht FRONTEX die kroatische Südgrenze und signalisiert den kroatischen Grenzwächtern die verzweifelten Versuche von Flüchtlingen, den Stacheldraht-Verhau zu überwinden. In seinem Untersuchungsbericht zu Händen des Europa-Parlaments schreibt Erik Marquardt: »Es häufen sich Berichte über Folter an der kroatisch-bosnischen Grenze. Flüchtlinge werden gezwungen, sich zu entkleiden. Ihnen werden die Haare geschoren, Kreuze auf die Stirn gemalt und Fingernägel ausgerissen.«[6]

Die zynische Kaltherzigkeit ist nicht das exklusive Privileg von EU-Bürokraten. Im Morgengrauen des 24. Novembers 2021 entdeckte ein bretonischer Fischer in den dunklen Wellen des Ärmelkanals die in ihren orangenen Schwimmwesten treibenden Leichen der Flüchtlinge eines gekenterten Schlauchboots. 27 Tote, darunter sieben Frauen und drei Kinder. Die alarmierten Kräfte der französischen Societé nationale de sauvetage en mer (*SNSM*) konnten einen jungen Somalier und einen halbwüchsigen Kurden lebend aus dem eiskalten Wasser bergen.

Am folgenden Tag traten die Abgeordneten des britischen Unterhauses zu einer Sondersitzung zusammen. Die Antwort der Regierung auf die schreckliche Katastrophe im Ärmelkanal? Sie wurde von einer graziösen, eleganten Frau verkündet, der Innenministerin Priti Patel: Das Gesetz »Nationality and Borders Bill« (Gesetz über Staatsangehörigkeit und Grenzen) wird verschärft. Ab sofort

---

[6] Erik Marquardt, »Europa schafft sich ab«, op. cit.

werden auf britischem Boden nur noch Flüchtlinge akzeptiert, welche ein reguläres Einreisevisum besitzen. Wer kein Visum vorweisen kann, wird als illegaler Migrant behandelt. Sein Asylgesuch wird nicht entgegengenommen und nicht geprüft.[7]

Aalia Khan von der Organisation Freedom from Torture kommentiert: »Einen Antrag auf ein Visum zu stellen ist kaum möglich für jemanden, der aus Angst vor Folter und Verfolgung seine Heimat fluchtartig verlässt.«[8]

Herbst 2021: In den Wäldern an der polnischen Ostgrenze sterben die Menschen. Kinder, Frauen und Männer aus Syrien, Afghanistan, Jemen, Irak und Somalia erfrieren, verhungern, töten sich selbst. Neue Verbrecher sind am Werk. Und die Politiker in Brüssel lassen sie gewähren in ihrer Gleichgültigkeit.

Das belarussische Regime des Alexander Lukaschenko in Minsk steht unter europäischen Wirtschaftssanktionen wegen Wahlbetrug, Verfolgung jeglicher Opposition und Verletzung der Menschenrechte. Der Diktator hat im Gegenzug zu einer Waffe gegriffen, um seinerseits die EU-Kommissare unter Druck zu setzen. Gepeinigte Flüchtlinge, die vergeblich versuchen, an den Außengrenzen der »Festung Europa« ihr Recht auf Asyl geltend zu machen, erhalten ein Visum für Belarus. Wenn sie in Minsk landen, werden sie von Agenten des Geheimdiensts – der immer

---

[7] In: Le Monde, Paris, 27. November 2021.
[8] Ebd.

noch KGB heißt! – in Empfang genommen. Mit Bussen und Lastwagen werden sie an die polnische Grenze gefahren und dort in die Wälder und Sümpfe getrieben. Mittels dieser Flüchtlingsströme will Lukaschenko die EU-Kommissare zur Annullierung ihrer Sanktionen zwingen. Polen verweigert jede Aufnahme von Flüchtlingen und jede effektive Prüfung eines Asyl-Gesuches. Polen hat einen 180 Kilometer langen, doppelten Stacheldraht-Verhau mit einer Sperrzone von drei Kilometer Tiefe errichtet. 15 000 bewaffnete Soldaten bewachen die Grenzsperre. Zurück nach Belarus können die meisten Flüchtlinge auch nicht. Sie werden von mit Schlagstöcken ausgerüsteten Polizisten, begleitet von auf Menschenjagd abgerichteten Hunden, in die Sümpfe und Wälder zurückgetrieben. Wie viel Tausende frierender, hungernder, gepeinigter Flüchtlinge in diesen bitterkalten November- und Dezemberwochen in den Wäldern herumirren, weiß niemand.

Einige mutige Journalisten legen Zeugnis ab. Zum Beispiel Florian Hassel von der Süddeutschen Zeitung. Beim polnischen Grenzdorf Michalowo begegnete er acht gefangenen jungen Somaliern in leichter Sommerkleidung. Sie hatten fünf Tage lang nichts gegessen, einige waren verletzt, alle froren erbärmlich. Fünfzehn Tage schon waren sie in den Wäldern unterwegs. Es war ihr siebter Versuch, die Ostsperre der »Festung Europa« zu überwinden. Schläger der polnischen Grenzpolizei jagten sie jedes Mal in die Sümpfe zurück oder stießen sie in den Fluss, der durch das Grenzgebiet fließt.

Dank der klugen, humanen und völkerrechtskonformen Asylpolitik der früheren Bundeskanzlerin Angela Merkel ist – wie bei fast allen Flüchtlingen, woher auch immer sie kommen und an welcher Grenze sie gestrandet sind – Deutschland das Land der Hoffnung. Eine prestigereiche Koalition großer deutscher zivilgesellschaftlicher Organisationen verlangte von der EU-Kommission die Öffnung eines humanitären Korridors bis zur deutschen Grenze, wo durch deutsche Beamte die Prüfung der Asylgesuche völkerrechtskonform garantiert ist. Die Kommissare in Brüssel lehnten ab.

Wie viele Frauen, Männer und Kinder in diesen schrecklichen Herbstmonaten in der polnisch-belarussischen Grenzzone starben, auch das ist unbekannt.

Ursula von der Leyen und die Mehrheit ihrer Kollegen in der EU-Kommission sind gewiss keine amoralischen Menschen. Ihre Entscheidungen basieren auf einer rationalen Analyse der in Europa vorherrschenden politischen Situation.

In Europa gewinnen die rassistischen und fremdenfeindlichen Bewegungen von Wahl zu Wahl an Stärke. Die Präsidentin der Rassemblement National in Frankreich, der Chef der Lega in Italien, die Vorsitzenden der Alternative für Deutschland (AfD) machen Flüchtlinge – und ganz allgemein Ausländer – zu Sündenböcken. Ihren Landsleuten erzählen sie: »Ihr seid arbeitslos, ihr habt Angst um euren Arbeitsplatz, fürchtet die Armut ... Wer ist schuld daran? Die Flüchtlinge, die Migranten.«

Daraus schließen die Kommissare in Brüssel, dass es mit allen – auch illegalen – Mitteln gilt, die Zahl der in

Europa aufgenommenen Flüchtlinge zu drosseln. Doch ein Rassist (ein Antisemit, ein Muslimhasser, ein Misogyner) ist ein Feind der Menschheit. Er muss mit allen demokratischen, verfassungskonformen Mitteln konsequent bekämpft werden. Zu glauben, man könne ihn durch Kompromisse besänftigen, ist ein fataler Fehler. Mit einem Rassisten sind keine Kompromisse möglich.

Dabei kommt mir spontan ein historisches Beispiel in den Sinn: München 1938. Édouard Daladier, der Präsident des französischen Ministerrates, und der britische Premierminister Neville Chamberlain treffen sich vom 29. auf den 30. September mit Adolf Hitler und Benito Mussolini. Hitler besteht auf dem Selbstbestimmungsrecht der deutschsprachigen Minderheit in der Tschechoslowakei. Er will die Sudetendeutschen heim ins Reich holen. England und Frankreich haben jeweils einen Staatsvertrag, der die Unverletzlichkeit der tschechischen Territorialität garantiert. Trotzdem unterzeichnen sie das von Hitler geforderte Abkommen. Demzufolge soll bis zum 10. Oktober 1938 die tschechoslowakische Armee die Sudetengebiete evakuieren und den deutschen Truppen freien Einmarsch sichern. Chamberlain und Daladier verraten die Regierung in Prag, erbitten im Gegenzug von Adolf Hitler das formelle Versprechen, keinen Krieg zu entfachen.

Bei seiner Rückkehr am 30. September auf dem Flugplatz von Heston (London) schwenkt Chamberlain in seiner Hand den Vertrag mit Hitler. Der begeisterten Menschenmenge ruft er zu: »I bring peace for our time.«

Daladier hingegen ist besorgt. Er fürchtet, seine Landsleute werden ihm den Verrat am tschechoslowakischen Alliierten vorwerfen. Er irrt. Am Flughafen Bourget empfängt ihn eine jubelnde Menge. Sie dankt lauthals dem »pacificateur«.

Im Morgengrauen des 1. September 1939 greifen Truppen der deutschen Wehrmacht die Republik Polen an. Der Zweite Weltkrieg beginnt. Die beiden Westmächte hatten ihren Bündnispartner verraten und Schande auf sich geladen. Im Gegenzug erhielten sie den Krieg.

Die »Kölner Erklärung für eine Politik der Gerechtigkeit und der Menschlichkeit«, initiiert von Milo Rau und unterstützt von den bedeutsamsten Bewegungen der europäischen Zivilgesellschaft (medico international, Sea Watch, Amnesty International, Pro Asyl u. a.) stellt fest: »Jahr für Jahr verschlimmert sich die Lage an den EU-Außengrenzen. Mit allen Mitteln werden Geflüchtete an der Ankunft in Europa gehindert: durch unterlassene Hilfeleistung und das bewusste Ertrinkenlassen, durch illegale Push-Backs, durch Folter und Gewalt. Ohne Zugang zu medizinischer Versorgung, Bildung, sauberem Wasser und Nahrung sterben Zehntausende an den europäischen Außengrenzen. Jene, die es schaffen, europäischen Boden zu betreten, werden all ihrer Grundrechte beraubt und teilweise jahrelang in Lager gesperrt. Asyl-Anträge werden systematisch und illegal abgelehnt.«

Die Strategie des Terrors, der Missachtung des Asylrechts ist ein Verbrechen gegen die Menschlichkeit, begangen im Namen der Völker unseres Kontinents.

Michel de Montaigne schreibt in seinen »Essais«: »Der erste Schritt zur Sittenverderbnis ist die Verbannung der Wahrheit.«[9] Die »Kölner Erklärung« ist insbesondere deshalb so wichtig, weil sie die von der EU gepflogene Sprachregelung durchbricht. Die Kommunikationsstrategen in Brüssel sprechen stets nur von »Migranten«. Das Wort »Flüchtling« hingegen kommt in ihren Verlautbarungen kaum mehr vor. Migranten sind Menschen, die aus wirtschaftlichen Gründen ihr Ursprungsland verlassen. Sie genießen nicht wie Gewaltflüchtlinge den Schutz der UN-Flüchtlingskonvention von 1951.

Die diskursive Strategie der EU ist pervers. Der »illegale Grenzübertritt« gilt rechtlich ausschließlich für Migranten mit exklusiv wirtschaftlicher Motivation. Für Gewaltflüchtlinge hingegen existiert kein Delikt der illegalen Grenzüberschreitung. Indem jedoch die Sprecher der EU die Flüchtlinge in ihrer »wahren Existenz« – um mit Montaigne zu reden – negieren, wird das Stellen eines Asylantrags in einem fremden Land automatisch zum Delikt degradiert. Die Ausübung eines universellen Menschenrechts als »Delikt«!

Delikte werden von der öffentlichen Meinung als negativ wahrgenommen und verurteilt. Indem die Kommissare in Brüssel die »Wahrheit verbannen«, stoßen sie mit ihrer inhumanen Politik auf weitgehende Zustimmung.

---

9 Montaigne, Michel de, Essais. Frankfurt a. M. 1998, S. 330.

Wo ist Hoffnung?

In der neuen, rasch erstarkenden planetarischen Zivilgesellschaft. Sie ist jenseits von Staaten und Parteien das neue historische Subjekt. Was ist unter Zivilgesellschaft zu verstehen? Es sind die Myriaden großer und kleinerer sozialen Bewegungen, die sich der unmenschlichen Flüchtlingsstrategie der EU entgegenstellen.

Dieses Buch berichtet von der Mobilisierung der großen, wirkungsmächtigen NGOs, insbesondere in Deutschland. Viele weniger bekannte Aktionen wären zu nennen. Jene der mutigen Männer und Frauen auf den wenigen noch verbleibenden Rettungsschiffen im Mittelmeer (Sea Watch, *SOS* Méditerranée, Alarm Phone u. a.) etwa.

Im mörderischen Herbst 2021 im belarussisch-polnischen Grenzgebiet sind auf polnischer Seite polnische Ärzte mit Nahrungsmitteln und Medikamenten über den Stacheldrahtzaun geklettert. In zahlreichen deutschen, österreichischen, schweizerischen und anderen Städten mobilisierten sich Gruppen von Menschen, sammelten Kleider, Schuhe und Geld, mieteten Lastwagen und fuhren die Güter nach Belarus. In der belarussischen Grenzstadt Grodno machten sich jede Nacht junge Freiwillige des belarussischen Roten Kreuzes auf den Marsch in die Sümpfe. In ihren Rucksäcken trugen sie Schlafsäcke und Filter, die es den Gestrandeten ermöglichen sollten, das Wasser aus den Sümpfen zu reinigen und trinkbar zu machen. Die polnischen Ärzte und die Freiwilligen von Grodno trafen auf Leichen, auf Gruppen erfrorener oder verhungerter Kinder. Aber sie retteten auch Überlebende.

In den französischen Südalpen, auf den bereits im September meist verschneiten Passübergängen oberhalb von Briançon, arbeiten die jungen Flüchtlingshelfer der Organisation Tous migrants!. Sie errichten provisorische Unterkünfte für unbegleitete Kinder, für Familien, die versuchen aus Italien nach Frankreich zu gelangen. Einige dieser jungen Helfer werden regelmäßig vom Bezirksgericht in Marseille wegen »Beihilfe zu illegalem Grenzübertritt« zu Gefängnisstrafen verurteilt. Für jeden Verurteilten treten – aus ganz Frankreich, aber auch aus Deutschland und der Schweiz kommend – neue Retter an seine Stelle, die sich um die halb erfrorenen, im Schnee herumirrenden Flüchtlinge kümmern.

Eine gesamteuropäische Bewegung von Städten und Gemeinden hat 2021 eine tausendfach unterschriebene Petition nach Brüssel geschickt. In ihr fordern sie eine radikale Abkehr von der EU-Abschreckungsstrategie und erklären sich bereit, sofort Tausende von Gewaltflüchtlingen auf ihrem Territorium aufzunehmen und zu versorgen.

Australiens Regierung zeigte sich jahrelang besonders herzlos gegenüber asiatischen Bootsflüchtlingen. Sie verweigerte praktisch jede Aufnahme von Asylsuchenden. Die gepeinigten Menschen wurden nach dem Willen der Regierung in Sidney auf die fernen Pazifikinseln Nauru und Manus verbracht und in Lagern eingesperrt. Dort waren die Zustände schrecklich: Agenten von privaten Sicherheitsdiensten quälten die Gefangenen mit Nahrungs- und Schlafentzug, mit Schlägen und vielfachen täglichen Erniedrigungen. Asylgesuche wurden keine entgegengenommen. Mutigen Journalisten gelang der Zugang zu Nauru. Auf ihre Berichte hin protestierten australische Gewerkschaften und Kirchen vehement, über Monate anhaltend, gegen die Flüchtlingshölle. Die Regierung in Sidney wurde so gezwungen, Manus und Nauru endlich zu schließen.

Von Immanuel Kant stammt der Satz: »Die Unmenschlichkeit, die einem anderen angetan wird, zerstört die Menschlichkeit in mir.« Ich bin der andere, der andere ist ich. Er ist der Spiegel, in dem ich mich selbst erkenne. Was mich von den Opfern trennt, ist nur der Zufall meiner Geburt.

Die Zivilgesellschaft, diese rätselhafte Bruderschaft der Nacht, wird jeden Tag stärker. Niemand kann sie zum Schweigen bringen. Das Kollektivbewusstsein ist erwacht. Der Aufstand gegen Staatsräson und EU-Abschreckungsstrategie wird nie mehr in den Schlaf zurückfallen. Die neue planetarische Zivilgesellschaft verkörpert die reale Hoffnung auf eine menschliche Flüchtlingspolitik.

Jean Ziegler, Januar 2022

I

In meiner Eigenschaft als Vizepräsident des Beratenden Ausschusses des Menschenrechtsrates der Vereinten Nationen bin ich im Mai 2019 nach Lesbos gereist.[10] Vierzig Jahre zuvor hatte ich staunend den Zauber dieser Insel entdeckt.

An der Universität Genf war Stelios Kamnarokos einer meiner sympathischsten und intelligentesten Studenten. Sein Vater, beleibt, lebenslustig, humorvoll und von bedingungsloser Gastfreundschaft, war der Pope von Mytilini: Im Hafen und in den Cafés der Stadt nannte man ihn nur liebevoll »Papa Dimitri«. Er hat mir das Naturwunder erschlossen, das sich Lesbos nennt.

Anschließend machte Stelios eine beeindruckende diplomatische Karriere. Vor allem war er neun Jahre lang der einflussreiche außenpolitische Berater von Staatspräsident Károlos Papoúlias. Empört über das Schicksal, das von den Mitgliedstaaten der Europäischen Union über Grie-

---

[10] Zwei einflussreiche europäische NGOs (Nichtregierungsorganisationen) hatten mir bei der Organisation meiner Mission wertvolle Hilfe geleistet. Dafür bin ich Thomas Gebauer und Ramona Lenz von *medico international* sowie Karl Kopp von *Pro Asyl* zu tiefer Dankbarkeit verpflichtet.

chenland verhängt wurde, lebt er heute in einem unruhigen Ruhestand in Athen.

Anlässlich meiner UN-Mission im Mai 2019 sah ich sie wieder, die Sand- und Kieselstrände und die Berge, die sich bis zu einer Höhe von 1000 Metern auftürmen.

Unzählige Buchten unterbrechen die Küstenlinie der Insel. Dem türkisfarbenen Wasser verdankt Lesbos, Heimat der Dichterin Sappho (6. bis 7. Jahrhundert v. Chr.), ihren Beinamen »Smaragdinsel«. Die wie ein Amphitheater angelegte Hauptstadt Mytilini – ungefähr 50 000 Einwohner, annähernd die Hälfte der Inselbevölkerung – ist seit der römischen Antike ein Kultur- und Handelszentrum von beeindruckender Vitalität. Davon zeugen die begeisterten zeitgenössischen Schilderungen seiner Pracht und Schönheit,[11] aber auch die Ruinen des mächtigen, unter Trajan erbauten Amphitheaters. Strabon hielt die Stadt für »die größte ihrer Zeit«. Die byzantinische Festung, die von den Architekten Kaiser Justinians errichtet und im 15. Jahrhundert von den Baumeistern der Genueser Familie Gattilusi wiederaufgebaut und verstärkt wurde, überragt noch immer den Ostteil der Stadt. Später wurden die Genueser ihrerseits von den osmanischen Eroberern verjagt.

Bunte Fischerhäuschen. Palmen, die sich in der Meeresbrise wiegen. Blumen, so weit das Auge reicht. Landwirtschaftliche Flächen wechseln mit düsteren Bergen. Elf Millionen Olivenbäume und drei Millionen Schirmpinien

---

[11] Cicero, Vitruv.

bedecken die Hügel und Ebenen. Eine der spektakulärsten Attraktionen ist der riesige Wald aus versteinerten Mammutbäumen, der vor 20 Millionen Jahren durch eine Vulkanexplosion entstand. Mit einer Fläche von fast 1700 Quadratkilometern und einer Küstenlänge von 320 Kilometern ist Lesbos die größte Insel in der Ägäis.

Im Mai 2019 fand ich die überwältigende Schönheit der Insel unverändert wieder, genau so, wie sie mir während all der Jahre im Gedächtnis geblieben war.

Vier Jahre zuvor, im April 2015, waren gemäß eines Abkommens, das zwischen der Europäischen Kommission und der griechischen Regierung geschlossen worden war, auf den fünf Kleinasien am nächsten gelegenen Ägäisinseln Lesbos, Kos, Leros, Samos und Chios sogenannte Hotspots eingerichtet worden, Aufnahmezentren für Tausende von Flüchtlingen aus Syrien, dem Irak, Afghanistan, aber auch aus Pakistan, dem subsaharischen Afrika und anderswo, die vor Krieg, Folter, Zerstörung ihrer Länder flohen und versuchten, die griechischen Küsten zu erreichen.

Diese Flüchtlinge hegen die Hoffnung, es könnte ihnen gelingen, von den Inseln auf den Kontinent zu gelangen und dort der Route über den Balkan nach Mittel- und Nordeuropa zu folgen.

Die offizielle Bezeichnung dieser Hotspots lautet »*First reception facilities*« (»Erstaufnahmeeinrichtungen«). Zwei europäische Dokumente und ein griechisches Gesetz definieren ihre Funktionen. Die beiden normativen Texte der Europäischen Union (EU) sind zum einen eine Richtlinie vom Mai 2015 mit dem Titel »Europäische Agenda für Migration«, zum anderen die Entschließung des Europäischen Parlaments *»Hot spots at EU external borders«* (»Hotspots an den Außengrenzen der EU«). Das griechische Gesetz trägt die Nummer 4357 und stammt aus dem Jahr 2016.

Hören wir, wie das Europäische Parlament die Hotspots definiert: »Diese haben zum Ziel, die Zusammenarbeit zwischen den EU-Agenturen und den nationalen Behörden besser zu koordinieren, um ihnen dabei zu helfen, bei ihrer Arbeit an den Außengrenzen den Verpflichtungen des EU-Rechts nachzukommen und rasch die Asylbewerber *[›asylum seekers‹]* zu identifizieren, zu registrieren und ihre Fingerabdrücke abzunehmen. Derzeit sind Italien und Griechenland die einzigen Mitgliedstaaten, in denen das Hotspot-Konzept angewandt wird. Aber andere Länder können ebenfalls von der Einrichtung solcher Hotspots profitieren, wenn sie sie beantragen oder wenn die Kommission der Meinung ist, dass diese Länder zusätzliche Hilfe benötigen.«

Das UN-Hochkommissariat für Flüchtlinge schätzt die Zahl der in den fünf Hotspots der Ägäis geparkten Flüchtlinge im November 2019 auf 39 000. Fast zwei Drittel von ihnen sind Frauen und Kinder. Da die Ausstattung dieser Lager eigentlich nur die Aufnahme von 6400 Personen gestattet, sind sie hoffnungslos überfüllt.[12]

---

[12] Vgl. Amnesty International, *Les Camps inhumains et surpeuplés doivent être fermés immédiatement*, London, Januar 2019.

Trotz der Jagd auf die Flüchtlinge, die von europäischen (oder EU-finanzierten türkischen und griechischen) Instanzen auf hoher See organisiert wird, setzen zahlreiche Schlauchboote und alle möglichen anderen Boote auch weiterhin Flüchtlinge an den Ufern von Lesbos und den benachbarten Inseln ab. Jede Nacht und jeden Morgen. Auf Lesbos mit seiner langen und zerklüfteten Küste gibt es keine Möglichkeit, diese Anlandungen vollkommen zu unterbinden.

Jeden Morgen inspizieren bewaffnete griechische Polizisten die Küsten. Sie nehmen die Flüchtlinge fest, die sich mehr schlecht als recht zwischen den Felsen verstecken. Sie legen ihnen, gelegentlich auch den Kindern, Handschellen an. Dann schubsen sie sie in große blaue Busse und fahren sie nach Moria, ein Lager, das am Rande eines kleinen Dorfs bei Mytilini eingerichtet ist. Dort werden sie, durchnässt, hungernd und verängstigt, abgesetzt und warten auf die ersten Verhöre. Diese werden von Beamten durchgeführt, die drei verschiedenen EU-Organisationen angehören.

Zunächst FRONTEX (Abkürzung für *»frontières extérieures«*). Die Organisation wurde 2004 unter der Bezeichnung *»European Border and Coast Guard Agency«* (»Europäische Agentur für die Grenz- und Küstenwache«) gegründet. Ihr Sitz ist in Warschau. Ihre Polizisten – aus Dänemark, Frankreich, Bulgarien, Deutschland etc. – haben den Auftrag, grenzüberschreitende Kriminalität und den internationalen Menschenhandel zu bekämpfen. Durch die Verhöre der Flüchtlinge können sie häufig wertvolle Informationen über die Identität der Schleuser, ihre Netze und ihre Aufenthaltsorte gewinnen.

Die Geheimdienstoffiziere und Agenten von EURO-POL, die aus den 28 Mitgliedstaaten der EU abgeordnet werden, führen ihrerseits strenge Verhöre durch. Ihre Aufgabe besteht vor allem darin, Terroristen, die sich möglicherweise unter die Flüchtlinge gemischt haben, zu enttarnen und abzufangen. Die Gefahr ist real. Zwei Täter des Attentats im Pariser *Bataclan* vom 13. November 2015 waren als »Flüchtlinge« nach Europa gelangt.

Doch noch eine dritte Agentur der EU ist an dieser ersten Etappe beteiligt: Das 2011 gegründete EASO (*European Asylum Support Office* – Europäisches Unterstützungsbüro für Asylfragen), das seinen Sitz auf Malta hat. Das EASO führt die erste Befragung der Asylbewerber durch. Die Personen, die nach Meinung der EASO-Beamten keine Aussichten auf Asyl haben, sortieren sie aus und schicken sie zurück. Die anderen werden an den *Greek Asylum Service* überführt.

Auf dem Papier beschränkt sich die Rolle der EU-Organisationen – der verschiedenen Beamten, aus denen sie bestehen – auf die Unterstützung der griechischen Behörden. In Wahrheit aber machen diese EU-Beamten das Gesetz. Sie haben die strategischen Posten der Institutionen inne. Außerdem werden die griechischen Polizisten, die Küstenwachen aus Griechenland und der Türkei von der EU bezahlt. In Moria wie in den anderen Hotspots sind die Beamten des Migrationsministeriums in Athen, die griechischen Polizisten, die Vollzugsbeamten, die Beamten der Küstenwache und die Offiziere der griechischen Armee nicht mehr als Handlanger der EU.

Wenn man sich die *Europäische Agenda für Migration 2015* etwas genauer ansieht, springt eine Ungereimtheit ins Auge: Die EU-Kommission ist von den Schengener Abkommen wie besessen, die bekanntlich die Innengrenzen der EU aufheben. Die freie Zirkulation der Waren, des Kapitals (vollkommen ungehindert) und der Menschen (mit Einschränkungen) ist die Grundlage des Gemeinsamen Marktes. Doch Schengen überlebt nur unter der Bedingung, dass die Außengrenzen der Union kontrolliert und streng überwacht werden. Mit dieser Aufgabe betraut sind die Schiffe und Agenten von FRONTEX, die griechische und türkische Marine, griechische Polizisten und Geheimdienstler sowie die anderen beteiligten europäischen Agenturen. Alle Aktivitäten an den Hotspots und die Interventionen auf hoher See sowie in den Hoheitsgewässern folgen einem vorrangigen Imperativ: Europa vor dem Andrang der Flüchtlinge zu schützen.

Die Flüchtlinge, die 2019, zur Zeit meiner Mission, hinter den Mauern Morias gefangen saßen – oder in den Olivenhainen der Umgebung zusammengepfercht wurden, die ihrerseits zu einem riesigen Lager mit der naheliegenden Bezeichnung »die Olivenhaine« geworden waren –, gehörten 58 Nationalitäten an. Weit überwiegend stammen sie aus Syrien, Afghanistan, dem Irak, dem Iran und dem Sudan. Die meisten von ihnen kamen aus der Mittelschicht: Lehrer, Ingenieure, Unternehmer, Kaufleute, ehemalige Beamte, Angestellte, Handwerker etc. Bauern- oder Arbeiterfamilien sind weniger zahlreich vertreten. Man braucht nämlich Geld, um aus seinem Dorf oder seiner Stadt zu fliehen; das Geld für die Transporte, die korrupten Grenzwachen, die erpresserischen Polizisten, die Schleuser.

In der weit überwiegenden Mehrzahl der Fälle haben die Flüchtlinge Länder verlassen, die von Krieg und Terror verwüstet werden. Dort findet kein normales Wirtschaftsleben mehr statt: der Zahnarzt, der Unternehmer, der pensionierte Beamte, der Kaufmann, der Handwerker kann sein Haus, seine Wohnung oder seine Firma nicht verkaufen, weil seine Stadt und deren Infrastruktur von den Bomben oder Artilleriegranaten dem Erdboden gleichgemacht wurden. In der syrischen Provinz Idlib, in der afghanischen Region Kandahar, in der irakischen Ebene Ninive kann kein Eigentümer mehr sein Stück Land verkaufen, weil er keinen Käufer findet. Wenn die Flüchtlinge aufbrechen, nehmen sie also alle flüssigen Ersparnisse mit – und die erschöpfen sich sehr rasch auf ihrer Route.

Die meisten Flüchtlinge, die an der Küste von Lesbos stranden, sind vollkommen mittellos. Ihr ganzer Besitz hat sich reduziert auf die schmutzigen Kleidungsstücke, die sie am Leib tragen, einige Familienfotos und häufig das unentbehrliche Handy.

Nach der Registrierung durch die griechische Polizei erhalten die Flüchtlinge eine »Registrierungskarte«, die sie berechtigt, einen Schlafplatz aufzusuchen, zur Zeit der Essensausgabe eine Schlange zu bilden sowie Toiletten und Duschen zu benutzen. Aber da das offizielle Lager hoffnungslos überbelegt ist, sind die Neuankömmlinge im Sommer 2019 alle in dem sogenannten »inoffiziellen« Lager zwischen den Olivenbäumen untergebracht worden.

Die Polizisten händigen den Neuankömmlingen Plastikplanen und einige Geräte aus – Schaufeln, Hacken –, damit sie den Boden planieren können. In den Olivenhainen müssen sich die Flüchtlinge selbst ihre Hütten bauen.

Die Registrierungskarte gibt ihrem Inhaber auch das Recht auf eine kleine Summe – die monatlich vom UN-Hochkommissariat für Flüchtlinge ausgezahlt wird (UNHCR oder kürzer: HCR). Die Berechnungsweise ist schwierig: Die Höchstgrenze pro Familie beträgt 550 Euro. Doch die Afghanen, Syrer, Iraker und Bahrainer fliehen mit der ganzen Familie: Vater, Mutter, Großeltern, Kinder der verschiedenen Generationen. 550 Euro auf 16 oder 18 Personen aufzuteilen, hat natürlich wenig Sinn.

Von diesem Betrag müssen die Flüchtlinge ihre Einkäufe bestreiten: Wasserflaschen, Medikamente, Milch für die Kinder, Kleidung zum Wechseln, Schuhe, Produkte für die Körperpflege (Seife etc.).

II

Grau und tief hängt der Himmel über dem Ägäischen Meer. Dichter Nebel umhüllt die Gipfel des ganz nahe liegenden türkischen Gebirges. Die silberne Wolkendecke spiegelt sich im Wasser. Aus Athen kommend, beschreibt die Maschine des Flugs A37252 der Olympic Airways eine lange Schleife über der Meerenge. Die ist schmal: Lediglich sieben Kilometer trennen die türkischen Berge vom europäischen Ufer.

Mytilinis kleiner, nach dem Dichter Odysséas Elýtis benannter Flughafen liegt am Meer. Die schuldenbasierte Erpressung der griechischen Regierung durch IWF und EU hat Spuren hinterlassen: Gegenwärtig gehört der Flughafen der deutschen Betreibergesellschaft des Frankfurter Flughafens. Die kurvenreiche Küstenstraße, die nach wenigen Kilometern ins Zentrum der Hauptstadt führt, ist von Palmen und Bougainvilleen gesäumt.

In der Ferne zeichnen sich unter dem grauen Himmel drei stählerne Silhouetten ab: Kriegsschiffe. Langsam bewegen sie sich an der Grenze der Hoheitsgewässer entlang. Wie riesige Raubtiere, die eine unsichtbare Beute belauern.

Giorgos Pallis ist unkompliziert und freundlich. Er hat

lebhafte dunkle Augen. Er ist Abgeordneter von Lesbos im Athener Parlament. Die Insel hat traditionell eine kommunistische Mehrheit. Sein Vater Giorgos war kommunistischer Abgeordneter. Giorgos selbst gehört den Grünen an, die mit der Syriza verbündet sind, sie bilden eine Koalition der extremen Linken, die im Mai 2019 an der Macht war. Pallis ist etwa 40 Jahre alt.

»Schauen Sie dort unten, das erst Kriegsschiff gehört der NATO, das zweite, etwas weiter westlich, FRONTEX. Das dritte? Es ist zu weit weg, ich kann es nicht erkennen.«

Ich frage: »Wieso ein Kriegsschiff der NATO?«

Mit bitterem Lachen antwortet er: »Um Europa zu schützen; sie müssen die Frauen und Kinder zurückdrängen, die in Afghanistan, Syrien und im Irak bombardiert wurden.«

Mit unvermindertem Zorn fährt Giorgos fort: Die NATO habe mindestens vier Kreuzer vor der Küste von Lesbos. »Ist sie nicht wunderbar, die Souveränität meines Landes!«

Das Auto setzt mich am Hotel *Blue Sea* ab, an der westlichen Uferpromenade von Mytilini. Vom Balkon meines Zimmers im zweiten Stock kann ich den Hafen überblicken. Ein Metallgitter von vier Metern Höhe trennt ihn von der Promenade. Es wird von griechischen Polizisten streng bewacht. Überall schwarze Uniformen. Die Bewaffnung der Polizisten, ihre gepanzerten Jeeps verhindern jede Annäherung.

Von meinem Hotel aus beobachte ich, was vor sich

geht. Hinter dem Gitter parken mehrere blaue Busse. Beim ersten Morgenlicht starten die Polizisten ihre Runden auf den Küstenstraßen, um nach Flüchtlingen zu suchen, die über Nacht eingetroffen sind. Die Busse folgen ihnen. Nach ihrer Rückkehr werden diese Männer, diese Frauen, diese Kinder hinter den Gittern des Hafens zwischen 12 und 24 Stunden ohne Trinkwasser und Nahrung in den Bussen zurückgehalten. Erst dann fahren die Polizisten sie nach Moria ins Registrierzentrum.

Bei meiner Ankunft habe ich drei solche Busse bewegungslos unter meinen Fenstern gesehen, voller Frauen, Männer und Kinder, die am Vorabend von den Männern in Schwarz aufgegriffen worden waren. Während meines ganzen Aufenthalts lag ein britischer Kreuzer in Mission für FRONTEX direkt vor dem Eingang meines Hotels am Kai vor Anker, die Bordkanonen mit Planen verdeckt.

Von der Türkei aus können die Flüchtlinge, die sich in den Felsen verstecken und auf eine Überfahrt warten, bei klarem Wetter die Lichter Europas erkennen. Mit der Touristenfähre, die Dikili (Provinz Izmir) mit Mytilini verbindet, dauert die Fahrt über die Meerenge anderthalb Stunden und kostet 35 Euro. In den überfüllten Schlauchbooten zahlen die Asylbewerber den Schleusern 500 bis 1000 Euro pro Person und setzen ihr Leben aufs Spiel.

Die »Push-Back-Operationen« sind gewaltsame Abdrängaktionen – illegale Zurückweisungen – durch Schiffe der türkischen und griechischen Küstenwachen, der FRONTEX und – Berichten zufolge – auch der NATO.

An den Küsten der Ägäis sind die internationalen Nichtregierungsorganisationen tätig: *Pro Asyl, Refugee Rescue, Border Monitoring* etc. Ihre mutigen Aktivistinnen und Aktivisten führen Interviews mit den Überlebenden, um die »Push-back-Operationen« zu dokumentieren. Diese Operationen haben zum Ziel, die Schlauchboote, Kähne und Jollen der Flüchtlinge in die türkischen Hoheitsgewässer zurückzudrängen und ihre Passagiere auf diese Weise daran zu hindern, einen Asylantrag auf europäischem Boden zu stellen.

Welche Methoden die Abfangjäger dabei verwenden, wurde von den Aktivisten der NGOs eingehend beschrieben und dokumentiert. Einige der folgenden Beispiele stammen aus dem jüngsten zusammenfassenden Bericht, den Valeria Hänsel, Mitglied der deutschen Organisation *Border Monitoring*, im Mai 2019 unter dem Titel *Die Erosion des europäischen Asylsystems auf der griechischen Hotspot-Insel Lesbos* vorgelegt hat.[13]

So schildern die Aktivisten der spanischen Organisation *Proaktiva Open Arms* eine ihrer letzten Aktionen:

Ein Schiff, bis zum Rand gefüllt mit Männern, Frauen und Kindern, trieb keine hundert Meter vor der griechischen Küste. Es war ein kalter Frühlingtag. Das Wasser hatte knapp fünf Grad. Die Flüchtlinge zitterten, sie waren durchgefroren, ihre Kleider klatschnass. Wir hörten eine Frau einen schrecklichen Schrei ausstoßen. Wir riefen

---

[13] Border Monitoring, München, 2019.

die FRONTEX-Kommandantur auf Lesbos an und fragten, ob sie Hilfe bei der Rettung von Flüchtlingen brauchten und ob wir einen unserer Ärzte auf das Schiff schicken dürften. Die Leute von FRONTEX antworteten, sie hätten alles unter Kontrolle. Dann warteten sie noch zwei weitere Stunden, bis sie das Schiff in den Hafen von Mytilini dirigierten. Wir beobachteten das Anlegemanöver vom Kai aus. Dabei sahen wir ein Baby, das sich nicht mehr rührte. Die Polizisten von FRONTEX hinderten unseren Arzt und zwei unserer Mitarbeiter, sich zu nähern, und drängten uns gewaltsam zurück.

Das Baby war kalt und sein Gesicht gelb. Die Augen waren starr. Später riefen wir im Registrierungszentrum in Moria an. Als wir nach dem Zustand des Kindes fragten, sagte man uns, es sei kein Baby eingetroffen. Niemand wusste, was geschehen war. Ich bin mir sicher, die Mutter hat geschrien, weil das Baby im Sterben lag. Hätte FRONTEX das Schiff nicht zwei Stunden vor der Küste warten lassen oder unserem Arzt Zugang zu den Flüchtlingen gewährt, hätte das Baby mit großer Wahrscheinlichkeit überlebt.

Mit dem Vorwurf konfrontiert, antwortete die FRONTEX-Kommandantur: »Wir haben nicht die Aufgabe, Schiffbrüchige zu retten, sondern für die Sicherheit der Grenzen zu sorgen.«

Die Organisationen *Human Rights Watch*, *Pro Asyl*, *Sea Watch*, *Refugee Rescue* sowie andere internationale NGOs haben seit 2013 eine große Zahl weiterer »Push-Back-Operationen« dokumentiert.

Im Oktober 2018 hat *Refugee Rescue* die Zeugenaussage von Asmir (Name verändert), einem jungen syrischen Flüchtling, verbreitet:

Nachdem wir schon etwa einen Kilometer in den internationalen Gewässern der Meerenge zurückgelegt hatten, wurden wir von den türkischen Küstenwachen verfolgt. Sie kamen mit zwei Schiffen, einem großen und einem kleinen. Auf dem großen Schiff schossen sie in die Luft und brüllten, wir sollten kehrtmachen. Mit dem kleinen verfolgten sie uns. Sie näherten sich uns und schlugen mit langen Eisenstangen auf uns ein in der Absicht, uns im Meer sterben zu lassen. Aber wir haben uns verteidigt. Ich weiß nicht, woher wir die Kraft nahmen, aber wir haben stundenlang gekämpft und konnten ihnen schließlich entkommen.

Bereits 2015 erklärte der Sprecher von *Amnesty International* im Fernsehsender Euronews: »Die griechischen Küstenwachen stoßen die Boote der Asylbewerber gewaltsam in die türkischen Hoheitsgewässer zurück und setzen dadurch das Leben der Flüchtlinge aufs Spiel.« Seit diesem Datum haben die »Push-Back-Operationen« eine große Zahl von »unfallbedingten« Todesfällen verursacht.

Pro Asyl hat den Tod von elf Asylbewerbern – drei Frauen und acht Kinder – bei einer »Push-Back-Operation« im Jahr 2014 dokumentiert.

Meist arten die »Push-Backs« in gewalttätige Aktionen aus. Die Küstenwachen bedrohen die Flüchtlinge mit Schusswaffen, und wenn sich die Bootsflüchtlinge weigern kehrtzumachen, schlagen die Polizisten mit Eisenstangen auf sie ein.

Die transnationale Initiative *Watch The Med Alarm Phone* (Alarm-Phone-Initiative) unterhält seit dem 8. Oktober 2014, dem Jahrestag der vermeidbaren Tragödie vor Lampedusa, bei der über 260 Menschen ertranken, eine Hotline für Flüchtlinge in Seenot. Die Telefonnummer ist rund um die Uhr besetzt, etwa 120 ehrenamtliche Mitarbeiterinnen und Mitarbeiter nehmen im Schichtdienst die Notrufe entgegen. Die meisten Boote haben ein Satellitentelefon an Bord, mit dem die bedrohten Menschen die Hotline erreichen können. Die Aktivisten können die Lage des betreffenden Bootes genau lokalisieren und informieren dann die entsprechenden Küstenwachen. Die Initiative unterhält keine eigenen Rettungsschiffe, steht aber in engem Kontakt mit anderen Hilfsorganisationen wie zum Beispiel *Sea Watch* oder *Ärzte ohne Grenzen*. Durch diese Kooperation kann auf die Küstenwachen ein gewisser Druck ausgeübt und deren Aktionen können überwacht werden. Fälle von unterlassener Hilfeleistung seitens der Küstenwachen oder von »Push-Back-Operationen« gelangen so ans Licht der Öffentlichkeit. Mitarbeiter von *Watch The Med* haben auch Fälle dokumentiert, in denen die griechischen Küstenwachen den Außenborder des Schlauchboots abmontiert haben, um ihn ins Meer zu werfen oder an Bord des eigenen Schiffes zu nehmen – sodass das Schlauchboot der Flüchtlinge hilflos wie das Floß der Medusa auf den Wellen der Ägäis trieb.

Ein anderer Vorfall, den *Watch The Med* bezeugt, ereignete sich am 21. Juli 2017: Auf hoher See zerschnitten die griechischen Küstenwachen mit Messern ein Schlauchboot voller Flüchtlinge.

Einige Besatzungen von FRONTEX-Schiffen haben besonders effiziente Push-Back-Techniken entwickelt. Das gilt besonders für die Besatzung des britischen Kreuzers *Protector*. Die Marinesoldaten und Kanoniere des *Protector* verfolgten eine besondere Praxis. Sie schossen rund um das Flüchtlingsboot ins Wasser, wobei die Einschläge dem Ziel immer näher rückten. Während die Panik der Flüchtlinge unablässig stieg, erteilte der Kommandant des *Protector* seine Befehle per Megafon. In der Regel erreichte er, dass die Schlauchboote der Flüchtlinge kehrtmachten und in türkische Hoheitsgewässer zurückkehrten.

Schließlich löste die Taktik des so unzutreffend benannten Kreuzers *Protector* bei der Organisation *Refugee Rescue* sowie anderen NGOs, bei einigen großen Tageszeitungen in Großbritannien und dem Fernsehsender Euronews so heftige Proteste aus, dass die Besatzung des *Protector* von der Regierung in London zurückgerufen wurde. Aber der Kreuzer selbst ist auch heute noch, mit einer neuen Mannschaft versehen, in griechischen Gewässern unterwegs.

Am 15. Januar 2019 ertrank ein vierjähriges Mädchen im Meer, während ihr Boot nach Griechenland unterwegs war. In einem Interview mit der Zeitung *Hara Harekact* (16. Januar 2019) berichtet der Vater des Mädchens: »Sie [die türkischen Küstenwachen] haben unser Boot mit einem Seil an ihrem Schiff vertäut. Dann haben sie uns immer schneller gedreht. Sie haben versucht, uns alle zu töten.«

Dank *Refugee Rescue* gibt es eine ganze Serie von Videos – eines empörender als das andere –, die Praktiken der Küstenwachen, vor allem der türkischen, und der FRONTEX-Schiffe zeigen. Dort kann man sehen, wie uniformierte türkische Soldaten mit Eisenstangen auf Flüchtlingsfamilien, darunter auch Kinder, einschlagen, um sie zur Umkehr zu zwingen. Eine andere Technik erweist sich als noch wirkungsvoller: Das Schiff der Küstenwache umfährt das Schlauchboot der Flüchtlinge mit hoher Geschwindigkeit in immer engeren Kreisen, wobei es ständig wachsende Wellen erzeugt. Das kleine Flüchtlingsboot beginnt so heftig zu schaukeln, dass es jeden Augenblick zu kentern droht.

So seltsam es auch erscheinen mag, der Kampf zwischen den Flüchtlingen, die zusammengepfercht in ihren leichten Booten sitzen, und den bewaffneten Schiffen von FRONTEX und der türkischen wie griechischen Küstenwache geht nicht immer zugunsten Goliaths aus. So verhielt es sich auch am 10. November 2017, als ein Schiff der türkischen Küstenwache in die griechischen Hoheitsgewässer eindrang und ein Schlauchboot mit 20 Flüchtlingen harpunierte. 17 von ihnen gelang es, ins Wasser zu springen, bevor das Boot unterging. Ein griechisches Fischerboot hat sie an Bord genommen. Am 4. Oktober 2018 wurde ein weiteres Schlauchboot angegriffen, wiederum in griechischen Hoheitsgewässern und abermals von einem türkischen Kreuzer. Vier afghanische Jugendliche sprangen rechtzeitig vom Schlauchboot. Die Türken schossen mit einem Maschinengewehr, verfehlten aber ihr Ziel. Laut *Refugee Rescue* trugen mehrere der Geretteten beider Schlauchboote – zum Teil schwere – Verwundungen davon, die durch Schläge mit Eisenstangen und durch Schüsse verursacht worden waren.

Doch weltweit hat die Jagd auf Flüchtlinge durchaus Erfolge zu verzeichnen. Auf den griechischen Ägäisinseln, vor allem auf Lesbos, sinkt die Zahl der Asylbewerber, die an ihren Küsten landen. 2016 kamen laut UNHCR 173 450 Personen, 2017 waren es etwas mehr als 29 000. 2018 stieg die Zahl auf 32 000 und in den ersten Monaten 2019 kamen rund 52 000 Menschen an. Trotz der Brutalität der »Push-Back-Operationen« erreichen Tag und Nacht weitere Flüchtlinge auf ihren Booten die Küsten von Lesbos und den anderen Inseln.

In meiner Schilderung der »Push-Back-Operationen« erhebe ich Vorwürfe gegen FRONTEX und die griechischen und türkischen Küstenwachen gleichermaßen. Streng genommen ist aber nur FRONTEX ein Organ der EU. Die Küstenwachen der Türkei und Griechenlands unterstehen formell dem Befehl ihrer souveränen Regierungen. Tatsächlich aber wird die Strategie der »Push-Backs«, wie gesagt, von den Bürokraten der EU finanziert, koordiniert und angeordnet. Die Marineeinheiten, die sie durchführen, sind von der Europäischen Kommission abhängig. In fünf Jahren haben die griechischen Küstenwachen eine Finanzausstattung von mehr als 150 Millionen Euro erhalten.

Ebenso werden die enormen Zuwendungen der EU an die türkische Kriegsmarine mit dem notwendigen Kampf gegen den Menschenhandel gerechtfertigt. Im Mai 2016 hat die EU die türkische Marine und Polizei auf dem Ägäischen Meer offiziell in die Strategie *Search and Rescue* (»suchen und retten«) eingebunden. 20 Millionen Euro hat sie für die Ausbildung der türkischen Beteiligten ausgegeben. Eine enge Zusammenarbeit mit FRONTEX wurde vereinbart. 2017 hat die Internationale Organisation für Migration (IOM) der Regierung in Ankara mehrere Schnellboote geliefert.

In der »humanitären« Ideologie der Brüsseler Betonköpfe spielt FRONTEX eine zentrale Rolle. *Search and Rescue…* Welche Heuchelei! Der wichtigste Akteur der Jagd auf Schutzsuchende hat nichts – aber auch gar nichts – von einem »Retter« an sich. Die FRONTEX-Schiffe sind rein militärisch ausgerüstete Boote. An Bord befinden sich weder Ärzte noch Krankenschwestern noch Rettungsschwimmer, sondern nur Polizisten, die aus den verschiedenen Mitgliedstaaten der EU rekrutiert wurden.

Kürzlich ist FRONTEX durch eine Institution ersetzt worden, deren Mandat, Finanzausstattung und technische Ausrüstung erheblich verstärkt wurden: die »Europäische Agentur für die Grenz- und Küstenwache«. Doch die neue Organisation läuft noch immer unter dem Namen FRONTEX. Und die schweren Vorwürfe, die ihr wegen ihres brutalen Vorgehens gemacht werden, beschränken sich nicht nur auf die Ägäis: Auch in anderen Regionen wenden die FRONTEX-Polizisten häufig die gleichen Methoden der Repression und Einschüchterung an.[14]

Ein Beispiel. An der Außengrenze der EU in Bosnien-Herzegowina vegetieren Zehntausende von Flüchtlingen unter unmenschlichen Bedingungen dahin. Die meisten stammen aus Syrien, Afghanistan und dem Iran. Die kroatische Grenze wird von NATO-Draht geschützt. Auf den schlammigen Wegen der kroatischen Seite – auf europäischem Boden – patrouillieren maskierte Polizisten. Sie sind mit Schlagstöcken aus Stahl und Handschellen ausgerüstet und werden von Hunden begleitet, die auf den Menschen dressiert sind. Mit blutenden Händen versuchen einige Flüchtlinge immer wieder, den Stacheldraht zu überwinden und auf die andere Seite zu gelangen, um dort ihren Asylantrag zu stellen.

Die Polizisten und ihre Hunde jagen sie zurück. Unterschiedslos prügeln die Polizisten mit aller Kraft auf Kinder, Frauen und Männer ein, was nicht selten zu schweren Verletzungen führt.

Die Aktivisten, die in den Lagern im Norden von Bosnien-Herzegowina präsent sind, gehören verschiedenen NGOs an – unter anderem dem *Center for Peace Studies*, dessen Hauptquartier sich in Zagreb (Kroatien) befindet. Sie begleiten die Flüchtlinge bis zum Stacheldraht.

---

[14] Vgl. das Interview mit Bernd Kasparek von der deutschen NGO Border Monitoring, »Verprügelt und misshandelt«, in: *Der Spiegel*, 10. August 2019.

Dort filmen und notieren sie die Gewaltakte, die von kroatischen Polizisten verübt werden. Diese tragen alle die gleiche Uniform, die gleichen Gesichtsmasken und die gleichen Waffen.[15]

---

[15] Vgl. den Bericht *Terminus Bosnie* des Forum Civique Européen, Basel, September 2019.

III

Für die Rüstungsindustriellen und die Waffenhändler aller Art ist der Kampf gegen Flüchtlinge und Migranten viel profitabler als jeder gegenwärtig wütende Krieg in Syrien, Darfur oder Jemen. Die EU hat gerade ihre mehrjährige Finanzplanung bis 2027 veröffentlicht. Danach ist für die beiden Posten »Grenzsicherung« und »Migration« eine Erhöhung der Finanzmittel auf bis zu 34,9 Milliarden Euro vorgesehen (das Dreifache der Summe von 2019). Das Budget von FRONTEX wird in den kommenden sieben Jahren um 12 Milliarden Euro angehoben, das des EASO um 900 Millionen. Die Europäische Kommission begründet diese Erhöhungen wie folgt: »Es erscheint offensichtlich, dass Grenzsicherung und Migrationssteuerung in Zukunft eine der wichtigsten Aufgaben [der EU] sein werden.«

Das, was die Bürokraten in Brüssel »*Border security*« (»Grenzsicherung«) nennen, verspricht den Waffenhändlern märchenhafte Profite.

Christian Jakob ist ein junger Mann von lebhaftem Temperament. Ausgestattet mit einem absolut unabhängigen Geist und ausgeprägtem Gerechtigkeitssinn, ist er gegenwärtig Redakteur bei der *taz*, zuständig für Reportage und Recherche. Ich habe diesen warmherzigen, fröhlichen Mann in Mytilini kennengelernt. Er machte sich einen Namen, als er die engen Verflechtungen zwischen gewissen Bürokraten in Brüssel und den Waffenhändlern aufdeckte.[16]

Unter den Tausenden von Lobbyisten, die in Brüssel tätig sind, gehören die der Rüstungsindustrie sicherlich zu den erfolgreichsten. Die mächtigste dieser Interessengruppen ist die Europäische Organisation für Sicherheit (EOS), die von Luigi Rebuffi geleitet wird, dem Generaldirektor des multinationalen Rüstungskonzerns Thales. Eine der eigenartigsten Figuren unter den Waffenhändlern, die sich im Dunstkreis der Europäischen Kommission bewegen, heißt Dirk Niebel. Er arbeitet als Berater für den Rüstungskonzern Rheinmetall in Düsseldorf. Bis 2013 war Niebel Minister für wirtschaftliche Zusammenarbeit und Entwicklung in der Bundesregierung. In dieser Funktion hat er die Interessen der ärmsten Völker vertreten.

Auf Verlangen der EU hat die Rüstungsindustrie eine Hochleistungstechnologie entwickelt, die die Effizienz der Menschenjagd an den Grenzen der Festung Europa optimieren soll. EUROSUR (*European Border Surveillance System*, Europäisches Grenzüberwachungssystem), eine weitere Behörde der EU, stützt sich vor allem auf geosta-

---

[16] Vgl. insbesondere Christian Jakob, »Grenzschutz als Geschäft«, in: *Brennpunkt Drëtt Welt*, Luxemburg, Juni 2019.

tionäre Satelliten, die über der Ägäis, der Meerenge von Gibraltar, der Sahara und dem zentralen Mittelmeer positioniert sind. Außerdem überwachen Hochleistungsdrohnen Tag und Nacht die Bewegungen von Flüchtlingen und Migranten zu Lande und zu Wasser. Niemand entgeht ihnen. Radargeräte am Boden ermöglichen die dauerhafte Beobachtung von Kolonnen verfolgter Menschen, die sich auf dem Land fortbewegen. Entlang der Küsten und Landesgrenzen werden geheime »Sensorsysteme« installiert.

Zu den Albträumen von FRONTEX gehören die Lastwagen, die Kinder, Frauen und Männer heimlich auf den Routen im Norden von Griechenland oder Bosnien-Herzegowina transportieren. Dank einer neuen Technologie kann man die Flüchtlinge jetzt entdecken: Es handelt sich um Röntgenscanner und andere höchst komplizierte technische Geräte, etwa Herzschlagmessgeräte und Atemluftscanner, die es ermöglichen, blinde Passagiere in Lkws aufzuspüren. Diese Systeme sind äußerst aufwendig: Beispielsweise kostet ein Lkw-Scanner rund 1,5 Millionen Euro.

Für die Bürokraten der EU besteht kein Zweifel daran, dass der europäische Steuerzahler liebend gern für die astronomischen Summen aufkommen wird, die er für all diese technischen Spielereien bezahlen muss – schützen sie ihn doch vor den Flüchtlingen.

Dem Erfindungsreichtum der Hersteller von EU-finanzierten Überwachungsgeräten sind keine Grenzen gesetzt. Entlang der Mauer, die den Nordwesten Syriens von der Türkei trennt, haben die Türken – von Brüssel ermuntert und finanziert – mit Maschinengewehren bestückte Selbstschussanlagen installiert. Nähert sich ein Mensch der Mauer auf 300 Meter, vernimmt er zunächst in drei Sprachen und mehrfach wiederholt die Aufforderung, auf der Stelle kehrtzumachen. Geht er trotzdem weiter, wird er von dem Maschinengewehr getötet, dessen Feuer automatisch ausgelöst wird. Diese Selbstschuss-Maschinengewehre sind ein besonders aggressives Mittel zur Abschreckung von Flüchtlingen. Sie sind eines der Spitzenprodukte, die in Brüssel von Dirk Niebel und seinesgleichen verkauft werden.

Das bei Weitem wichtigste kommerzielle Ereignis für den Vertrieb der Technologie zur Überwachung und Repression der Flüchtlinge ist die Milipol, die jährliche Fachmesse für Sicherheitstechnik in Paris. Die Minister geben sich dort die Klinke in die Hand.

Zur Stunde sind es noch die israelischen und amerikanischen Konzerne, die den Markt beherrschen. Jakob zitiert die Rechnung, die die Beratungsfirma Frost and Sullivan aufgestellt hat:[17] Die Gesamtaufwendungen, die in die Entwicklung der »Grenztechnologie« – Eurokratenjargon – investiert wurden, belaufen sich heute auf 15 Milliarden Euro. 2022 werden sie 29 Milliarden Euro erreichen. Das alles zum Nutzen der Waffenhändler – und zulasten des europäischen Steuerzahlers.

---

[17] Christian Jakob, *op. cit.*

IV

Zwischen dem FRONTEX-Kommando und den in der Ägäis tätigen Aktivisten und Aktivistinnen der Organisationen, die aus der internationalen Zivilgesellschaft hervorgegangen sind, herrscht dicke Luft.

Die Aktivisten verfügen über Schnellboote, Fernrohre, Nachtsichtgeräte und Kameras. Sie befragen die Überlebenden und beobachten die »Push-Back-Operationen«. Die Fischer informieren sie. So können die Aktivisten auf ihren sozialen Netzwerken unzählige Videos hochladen, die zeigen, wie Schiffe von FRONTEX (und der NATO) Asylbewerber zurückdrängen. Die NGOs unterhalten mit zahlreichen Journalisten der internationalen Presse vertrauensvolle Beziehungen.

Bereits 2013 haben 21 europäische und afrikanische Flüchtlingshilfsorganisationen die internationale Kampagne FRONTEXIT organisiert, die schlicht und einfach die Auflösung von FRONTEX forderte.

Das Hauptquartier in Warschau hat heftig reagiert. Sein Hauptvorwurf an die Adresse zahlreicher NGOs: Komplizenschaft mit den kriminellen Organisationen, die den Menschenschmuggel betreiben. Sicherlich sind diese Organisationen in der Ägäis, wie überall im Mittelmeerraum und in anderen Grenzgebieten Europas, aktiv. Sie beuten die Flüchtlinge finanziell aus, und sie terrorisieren sie körperlich und psychisch. Sie müssen rücksichtslos bekämpft werden. Doch der Vorwurf, die NGOs – und die Fischer – machten gemeinsame Sache mit diesen Verbrechersyndikaten, ist absurd.

Im Ägäischen Meer nimmt das Bestreben von FRONTEX, die Aktivisten, die den Flüchtlingen Hilfe und Rettung bringen wollen, zu kriminalisieren, gelegentlich groteske Züge an. Schauen wir uns einige Beispiele an.

Im August 2018 wurden fünf ehrenamtliche Mitarbeiter einer Organisation zur Rettung Schiffbrüchiger – ERCI *(Emergency Response Center International)* – einhundert Tage in Untersuchungshaft genommen und dann auf Kaution freigelassen. Die Anklage lautete auf »Menschenschmuggel« und »Spionage«. Auf diese Straftaten stehen bis zu 25 Jahre Gefängnis. Zu dem Zeitpunkt, da ich dieses Buch beende, wird der Fall vor griechischen Gerichten verhandelt. Die Juristen der amerikanischen NGO *Human Rights Watch* haben die Akte untersucht. Ihr Urteil: Sie ist vollkommen leer. Zusammenfassend schreiben sie: *»Rescuers at sea, baseless accusations. Prosecutors seek to criminalize saving lives.«* (»Seenotretter werden grundlos angeklagt. Die Staatsanwälte versuchen, die Rettung Schiffbrüchiger zu kriminalisieren.«)[18]

Ein Beispiel. Sarah Mardini, eine junge syrische Frau, versuchte, in Begleitung ihrer Schwester an die Küste von

---

[18] Human Rights Watch, 5. November 2018.

Lesbos zu kommen. Lange bevor sie die europäischen Felsen erreichten, gab es einen Defekt am Motor des Schlauchbootes, in dem sie mit anderen Flüchtlingen – im Wesentlichen syrische Familien – unterwegs war. Das Schlauchboot trieb steuerlos im Wasser. Sarah und ihre jüngere Schwester sind Leistungsschwimmerinnen: Sie sprangen ins Wasser und zogen das beschädigte Boot bis zur Insel. Das war im Jahr 2015.

Danach konnte Sarah dank des Flüchtlingsstatus, den sie in Deutschland genoss, am Bard College in Berlin studieren. Eines Tages reiste sie in den Semesterferien nach Lesbos, um sich an der Rettung von Flüchtlingen in Seenot zu beteiligen. Doch als sie nach Berlin zurückkehren wollte, wurde sie von der griechischen Polizei am Flughafen von Mytilini verhaftet. Besorgt versuchte Sean Bender, ein Kollege von Sarah, sie im Gefängnis zu besuchen. Daraufhin wurde auch er verhaftet.

Weil sie 2015 ein manövrierunfähiges Schlauchboot an die Küste von Lesbos gezogen – und damit wahrscheinlich zahlreiche Menschenleben gerettet – hatten, stellt die griechische Justiz Sarah und ihre Schwester wegen »Menschenhandels« unter Anklage. 2019 war das Verfahren noch immer nicht abgeschlossen.

Die Liste der Anzeigen, die FRONTEX bei griechischen Gerichten eingereicht hat, ist lang. Sie enthält die Namen zahlreicher Retter, die aus der Zivilgesellschaft hervorgegangen sind.

Ein weiteres Beispiel. 2016 wurden fünf Retter der Organisationen *Team Humanity* und *Proem-Aid* zu beträchtlichen Geldstrafen verurteilt. Hauptangeklagter war Salam Aldeen. Seine Straftat? »Menschenschmuggel«. Mo Abassi, eine der anderen Angeklagten, berichtet: »Unsere Gruppe hat das Notsignal eines Flüchtlingsschiffs aufgefangen. Wie gesetzlich vorgeschrieben, haben wir die griechische Küstenwache alarmiert. Aber sie hat auf sich warten lassen. Daher sind wir selber mit unserem Schiff aufgebrochen, um den Schiffbrüchigen zu helfen. Alles ging gut – bis das Boot der griechischen Küstenwache auftauchte. Die Wachen traten extrem aggressiv auf. Sie haben uns gezwungen, ihnen zu folgen. Dann wurden wir verhaftet und angeklagt.«

2019, nach einem jahrelangen Prozess, unterstützt von einer Koalition aus NGOs und internationalen Rechtsanwälten, sprach man die Fünf frei.

In der *Financial Times* fasst Aurélie Ponthieu, Mitarbeiterin von *Ärzte ohne Grenzen*, die Situation wie folgt zusammen: »Wir suchen gezielt nach Flüchtlingsbooten in Seenot. Häufig finden wir sie eher als FRONTEX oder die Küstenwachen. So läuft das ab. Ich glaube nicht, dass dies auf eine Zusammenarbeit [mit den Schleusern] hinweist. Es geht nicht um die Frage, ob es eine Zusammenarbeit zwischen den NGOs und den Menschenschmugglern gibt. Wir wollen wissen, warum so viele Menschen auf hoher See sterben. Darauf sollte FRONTEX sich konzentrieren.«[19]

Noch eine weitere, besonders abscheuliche Praxis von

---

[19] *Financial Times*, London, 15. Dezember 2016.

FRONTEX gilt es zu erwähnen. Die Schleuser steuern die behelfsmäßigen Boote, in denen sich die Flüchtlinge befinden, so gut wie nie eigenhändig. Sie suchen sich einen Flüchtling aus, im Allgemeinen unter den Ärmsten, bringen ihm die elementarsten Navigationsregeln bei und vertrauen ihm das Boot an. Dafür erhält der Flüchtling einen Nachlass auf den Preis der Überfahrt. Wenn das Boot von den FRONTEX-Polizisten aufgebracht wird, gilt der arme Teufel als Schleuser. Er wird der griechischen Justiz übergeben. Dort erwartet ihn für die Straftat des Menschenschmuggels eine drakonische Gefängnisstrafe.

V

Für einen verfolgten Menschen gibt es keinen illegalen Grenzübertritt.

In Artikel 14 der Allgemeinen Erklärung der Menschenrechte heißt es: »Jeder Mensch hat das Recht, in anderen Ländern vor Verfolgung Asyl zu suchen und zu genießen.«

Die 193 Mitgliedstaaten haben im Augenblick ihres Beitritts zur UNO ihre Unterschrift unter diesen Text – sowie unter die Charta der Vereinten Nationen – gesetzt.

Alle Mitgliedstaaten der EU haben außerdem die am 28. Juli 1951 beschlossene Genfer Flüchtlingskonvention der UNO unterzeichnet. Hier ihre Präambel:

Die hohen vertragschließenden Parteien,

in der Erwägung, dass die Satzung der Vereinten Nationen und die am 10. Dezember 1948 von der Generalversammlung angenommene Allgemeine Erklärung der Menschenrechte den Grundsatz bestätigt haben, dass die Menschen ohne Unterschied die Menschenrechte und die Grundfreiheiten genießen sollen,

in der Erwägung, dass die Organisation der Vereinten Nationen wiederholt die tiefe Verantwortung zum Ausdruck gebracht hat, die sie für die Flüchtlinge empfindet, und sich bemüht hat, diesen in möglichst großem Umfange die Ausübung der Menschenrechte und der Grundfreiheiten zu sichern,

in der Erwägung, dass es wünschenswert ist, frühere internationale Vereinbarungen über die Rechtsstellung der Flüchtlinge zu revidieren und zusammenzufassen und den Anwendungsbereich dieser Regelungen sowie den dadurch gewährleisteten Schutz durch eine neue Vereinbarung zu erweitern,

in der Erwägung, dass sich aus der Gewährung des Asylrechts nicht zumutbare schwere Belastungen für einzelne Länder ergeben können und dass eine befriedigende Lösung des Problems, dessen internationalen Umfang und Charakter die Organisation der Vereinten Nationen anerkannt hat, ohne internationale Zusammenarbeit unter diesen Umständen nicht erreicht werden kann,

in dem Wunsche, dass alle Staaten in Anerkennung des sozialen und humanitären Charakters des Flüchtlingsproblems alles in ihrer Macht Stehende tun, um zu vermeiden, dass dieses Problem zwischenstaatliche Spannung verursacht,

in Anerkennung dessen, dass dem Hohen Kommissar der

Vereinten Nationen für Flüchtlinge die Aufgabe obliegt, die Durchführung der internationalen Abkommen zum Schutz der Flüchtlinge zu überwachen, und dass eine wirksame Koordinierung der zur Lösung dieses Problems getroffenen Maßnahmen von der Zusammenarbeit der Staaten mit dem Hochkommissariat abhängen wird,

haben Folgendes vereinbart:

Artikel 1: Im Sinne dieses Abkommens findet der Ausdruck »Flüchtling« auf jede Person Anwendung:

[...]

die infolge von Ereignissen, die vor dem 1. Januar 1951 eingetreten sind, und aus der begründeten Furcht vor Verfolgung wegen ihrer Rasse, Religion, Nationalität, Zugehörigkeit zu einer bestimmten sozialen Gruppe oder wegen ihrer politischen Überzeugung sich außerhalb des Landes befindet, dessen Staatsangehörigkeit sie besitzt, und den Schutz dieses Landes nicht in Anspruch nehmen kann oder wegen dieser Befürchtung nicht in Anspruch nehmen will; oder die sich als Staatenlose infolge solcher Ereignisse außerhalb des Landes befindet, in welchem sie ihren gewöhnlichen Aufenthalt hatte, und nicht dorthin zurückkehren kann oder wegen der erwähnten Befürchtungen nicht dorthin zurückkehren will.

[...]

Artikel. 3: Die vertragschließenden Staaten werden die Bestimmungen dieses Abkommens auf Flüchtlinge ohne unterschiedliche Behandlung aus Gründen der Rasse, der Religion oder des Herkunftslandes anwenden.

Artikel 4: Die vertragschließenden Staaten werden in ihrem Gebiet befindlichen Flüchtlingen in Bezug auf die Freiheit der Religionsausübung und die Freiheit des Religionsunterrichts ihrer Kinder eine mindestens ebenso günstige Behandlung wie ihren eigenen Staatsangehörigen gewähren. […]

Artikel 32:

1. Die vertragschließenden Staaten werden einen Flüchtling, der sich rechtmäßig in ihrem Gebiet befindet, nur aus Gründen der öffentlichen Sicherheit oder Ordnung ausweisen.

2. Die Ausweisung eines Flüchtlings darf nur in Ausführung einer Entscheidung erfolgen, die in einem durch gesetzliche Bestimmungen geregelten Verfahren ergangen ist. Soweit dem nicht zwingende Gründe für die öffentliche Sicherheit entgegenstehen, soll dem Flüchtling gestattet werden, Beweise zu seiner Entlastung beizubringen, ein Rechtsmittel einzulegen und sich zu diesem Zweck vor einer zuständigen Behörde oder vor einer oder mehreren Personen, die von der zuständigen Behörde besonders bestimmt sind, vertreten zu lassen.

3. Die vertragschließenden Staaten werden einem solchen

Flüchtling eine angemessene Frist gewähren, um ihm die Möglichkeit zu geben, in einem anderen Lande um eine rechtmäßige Aufnahme zu ersuchen. Die vertragschließenden Staaten behalten sich vor, während dieser Frist diejenigen Maßnahmen anzuwenden, die sie zur Aufrechterhaltung der inneren Ordnung für zweckdienlich erachten.

Der Art. 33 verbietet die Ausweisung und Zurückweisung:

1. Keiner der vertragschließenden Staaten wird einen Flüchtling auf irgendeine Weise über die Grenzen von Gebieten ausweisen oder zurückweisen, in denen sein Leben oder seine Freiheit wegen seiner Rasse, Religion, Staatsangehörigkeit, seiner Zugehörigkeit zu einer bestimmten sozialen Gruppe oder wegen seiner politischen Überzeugung bedroht sein würde.

2. Auf diese Vorschrift kann sich jedoch ein Flüchtling nicht berufen, der aus schwerwiegenden Gründen als eine Gefahr für die Sicherheit des Landes anzusehen ist, in dem er sich befindet, oder der eine Gefahr für die Allgemeinheit dieses Staates bedeutet, weil er wegen eines Verbrechens oder eines besonders schweren Vergehens rechtskräftig verurteilt wurde.

Jede »Push-Back-Operation« stellt eine eklatante Völkerrechtsverletzung dar, weil sie dem Asylbewerber das Recht nimmt, seinen Antrag zu stellen.

Ob das Gastgeberland den Asylantrag ablehnt, ist eine andere Frage. Entscheidend ist, dass die Antragstellung verhindert wird und damit eine Rechtsverweigerung stattfindet.

Eine Zwischenbemerkung. An einem dunklen Nachmittag im März 2007 befand ich mich im achten Stock des riesigen Gebäudes aus Beton, Metall und Glas, das in Genf das Hochkommissariat der Vereinten Nationen für Flüchtlinge beherbergt. Das Gebäude liegt an der Ecke Avenue de France und Rue de Montbrillant, gegenüber dem Palais des Nations. Der damalige Hochkommissar war António Guterres, der heutige Generalsekretär der Vereinten Nationen. Der Mann ist scharfsinnig, mit einem unbestechlichen Gerechtigkeitssinn ausgestattet, warmherzig und neigt gelegentlich zu heftigen Zornausbrüchen. Dem linken Christen sind seine sozialistischen Überzeugungen zur zweiten Natur geworden.

Neben Willy Brandt, Thomas Sankara, Bruno Kreisky, Kofi Annan, Nelson Mandela, Salvador Allende ist António Guterres einer der seltenen wirklichen Staatsmänner, die ich kennengelernt habe. Der ehemalige Premierminister von Portugal war vor seiner Ernennung zum Hochkommissar durch Kofi Annan Präsident der Sozialistischen Internationale. Ich selbst war Mitglied des Exekutivrates der Internationalen. Vertrauen und Solidarität verbinden mich mit Guterres.

Trotzdem erlebte ich an diesem Nachmittag einen ziemlich schwierigen Augenblick in seinem Büro. Draußen schneite es. Auf der Avenue de France legte Glatteis den Verkehr lahm. Damals war ich Sonderberichterstatter der Vereinten Nationen für das Recht auf Nahrung. Ich war einer Vorladung des Hochkommissars gefolgt.

Kaum in sein Büro eingetreten, bekam ich seine schlechte Laune zu spüren.

»Was höre ich da? Du willst in deinem nächsten Bericht einen Flüchtlingsstatus für die Hungermigranten fordern? Du willst sie in den Artikel 1 der Konvention aufnehmen? Du willst die Konvention zum Gegenstand internationaler Verhandlungen machen? Das ist unverantwortlich von dir, Jean!«

Offenen Mundes lauschte ich seinen Vorwürfen.

»Weißt du, was das bedeuten würde? Wenn du Verhandlungen über irgendeinen ihrer Artikel lostrittst, bringst du die Konvention selbst und damit das Asylrecht in Gefahr. Du weißt so gut wie ich: Die Fremdenfeindlichkeit bedroht die Staaten in Europa und andernorts. Die rassistischen und fremdenfeindlichen Bewegungen werden von Wahl zu Wahl stärker. Wenn du nicht willst, dass das ganze Asylrecht den Bach runtergeht, musst du deinen Antrag zurückziehen.«

Guterres ist ein echter Portugiese, von überwältigender Vitalität und unerschöpflicher Energie. Widerspruch kann er nur schlecht ertragen. Ich tat mein Bestes, trat für die Hungermigranten ein, die bis heute als schutzunwürdige »Wirtschaftsmigranten« behandelt werden.

Der Nachmittag ging zu Ende. Es wurde Nacht. Wir diskutierten immer noch. Schließlich versprach ich ihm, meinen Antrag zurückzuziehen. Doch bis heute hat sich meine Meinung nicht geändert.

In dem Augenblick, da ich diese Zeilen schreibe, werden in der Umgebung von Idlib, im Nordwesten Syriens, einer Region, die bislang von den Henkersknechten aus Damaskus verschont geblieben ist, unter den Trümmern der Städte und Dörfer Kinder, Frauen und Männer von den russischen und syrischen Terrorbombardements verstümmelt, verbrannt, ermordet. Ein Familienvater, der versucht, mit seinen überlebenden Kindern der Hölle von Idlib zu entfliehen, nimmt schlicht und einfach sein Recht in Anspruch, jenseits der Grenzen Zuflucht zu suchen. Millionen von Syrern sind seit 2011 aus dem Land geflohen. Und die Versuche, diesem Inferno zu entkommen, halten unvermindert an ...[20]

Im Südsudan wütet seit zwei Jahren eine schreckliche Hungersnot unter den Völkern der Dinka, Schilluk und Nuer.

In Juba, in den Lagern, Städten und Dörfern entlang des Weißen Nils, sind seit 2017 Zehntausende von Kindern, Frauen und Männern an Hunger, Dehydrierung und Cholera gestorben. Diejenigen, die wie durch ein Wunder auf äthiopisches oder ugandisches Territorium gelangen konnten, mussten häufig erleben, dass ihnen der internationale Schutz verweigert wurde. Sie fallen nicht

---

[20] Vgl. den Bericht, den Paolo Sergio Pinheiro, Präsident der Ermittlungskommission für Syrien, auf der 41. Sitzung des UN-Menschenrechtsrates am 2. Juli 2019 vorlegte.

unter die Bestimmungen der Konvention von 1951. Deshalb werden sie häufig als Wirtschaftsmigranten zurückgewiesen oder ohne jedes Recht in schmutzige Lager gesteckt.

Man möge mir bitte erklären, wodurch sich der Hungertod in Juba von dem Tod durch eine syrische oder russische Giftgranate in Idlib unterscheidet!

Ich höre häufig: »Ihre Absichten sind gut, aber unrealistisch. Denn man kann nicht definieren, wer ein Hungermigrant ist.« Falsch! Diese Flüchtlinge lassen sich durchaus identifizieren.

In dem alten Gebäude des Welternährungsprogramms der Vereinten Nationen (*UN World Food Programme,* WFP) in Rom befinden sich zwei Säle, in denen täglich über das Schicksal von Hunderttausenden Menschen – oder vielmehr über die Frage, ob sie leben oder sterben sollen – entschieden wird. Der erste dieser Säle, der *Situation Room* (Lagezentrum) beherbergt die Datenbank der Organisation. Die Wände des »Lagezentrums« sind mit riesigen Landkarten und Bildschirmen tapeziert. Auf den langen schwarzen Tischen stapeln sich Wetterkarten, Satellitenbilder etc. Alle Ernten an jedem Ort der Welt werden dort Tag für Tag überwacht. Die Wanderwege der Heuschrecken, die Preise für Schiffsfrachten, die Kurse von Reis, Mais, Hirse, Weizen, Gerste an der *Chicago Commodity Stock Exchange* und anderen Börsen für landwirtschaftliche Rohstoffe nebst einer Vielzahl anderer wirtschaftlicher Variablen werden ständig erfasst, geprüft und analysiert.

Im anderen strategischen Saal im Hauptsitz des WFP in Rom, der auf den ersten Blick weniger beeindruckend wirkt und weniger Fachleute aller Art aufzuweisen scheint, ist die *Vulnerability Analysis and Mapping Unit* (VAM – Einheit für Vulnerabilitätsanalyse und -kartierung) untergebracht. Sie wird von einer energiegeladenen Frau geleitet – Joyce Kanyangwa Luma. Hier werden die eingehenden Erhebungen geplant, mit deren Hilfe man auf den fünf Kontinenten die schutzbedürftigen Gruppen identifiziert.

In gewisser Weise hat Joyce Luma die Aufgabe, eine Hierarchie des Elends aufzustellen. In Kambodscha, Peru, Bangladesch, Malawi, im Tschad, in Sri Lanka, Burma, Pakistan, Laos etc. überträgt sie den lokalen NGOs die Erhebungen vor Ort. Mit detaillierten Fragebögen ausgerüstet, gehen die Interviewer (meist Interviewerinnen) von Dorf zu Dorf, von Slum zu Slum, von Siedlung zu Siedlung und befragen die Familienväter, die Alleinlebenden, die alleinerziehenden Mütter nach ihrem Einkommen, ihrem Beschäftigungsverhältnis, ihrer Ernährungssituation, den im Haushalt grassierenden Krankheiten, der Verfügbarkeit von Wasser etc. Die ausgefüllten Fragebögen werden zurückgeschickt und von Joyce Luma und ihrem Team ausgewertet.

Kernstück der Arbeit von Joyce Luma ist die Selektion. Da die Finanzmittel des WFP nach der Finanzkrise von 2008 weitgehend stark reduziert sind und die verfügbare Nahrung seither nicht ausreicht, um die Millionen Hände zu füllen, die sich ihr entgegenstrecken, muss Joyce Luma auswählen.

Natürlich versucht sie, gerecht zu sein. Ausgestattet mit den technischen und finanziellen Mitteln der größten humanitären Organisation der Erde, versucht sie, in jedem der vom Hunger heimgesuchten Länder die Personen zu identifizieren, die am stärksten betroffen sind, die das höchste Maß an Schutzbedürftigkeit aufweisen und die am unmittelbarsten von der Vernichtung bedroht sind. Auf der Strecke bleiben also die Personen und Gruppen, die das Pech haben, sich nicht für die Kategorie der »extrem Vulnerablen« zu qualifizieren, und trotzdem zu den Menschen gehören, die von schwerer Unterernährung bedroht sind – und folglich einem nahen, wenn auch noch etwas hinausgeschobenen Tod entgegensehen. Joyce Luma, diese Frau, die so viel Menschlichkeit und Mitgefühl ausstrahlt, muss also entscheiden, wer leben wird und wer im Namen einer objektiven, von der VAM verhängten Einschränkung sterben wird.

Die Hungerflüchtlinge zu bestimmen, ist vollkommen problemlos. Die Satellitenbilder, mit denen Joyce Luma arbeitet, zeigen deutlich, in welchen Regionen der Erde noch Landwirtschaft möglich ist, wo der Boden den Menschen ernähren kann und in welchen Regionen menschliches Leben nicht mehr gesichert ist.

Doch gegenwärtig schließt das geltende Völkerrecht den Schutz der Hungerflüchtlinge durch die Konvention aus.

Natürlich verstehe ich die Argumente, mit denen António Guterres meinen Antrag, die Hungerflüchtlinge dem Schutz des Asylrechts zu unterstellen, zurückgewiesen hat.

Aber ich bin nach wie vor der Überzeugung, dass der Tag kommen wird, an dem man die Geltung der Konvention von 1951 so ausweiten muss, dass auch die Hungermigranten den Schutz erhalten, den ihr Leiden verlangt.

VI

Noch nie in der jüngeren Geschichte befanden sich so viele Menschen gleichzeitig auf der Flucht. Ihre Zahl wird vom Hochkommissariat der Vereinten Nationen für Flüchtlinge auf mehr als 60 Millionen geschätzt, darunter ungefähr 25 Millionen, die vor Krieg, Folter und anderen unmenschlichen Handlungen fliehen.

Das Internationale Komitee vom Roten Kreuz bezeichnet Letztere als »Flüchtlinge vor der Gewalt«.

Infolge der Kriege in Syrien, Irak, Afghanistan, Libyen, in den Westprovinzen des Sudans (Darfur), in der Zentralafrikanischen Republik hat die Migrationswelle im Sommer 2015 einen Höhepunkt erreicht. Eine ungeheure Masse verfolgter Menschen brandete an die Südgrenzen Europas.

Der Europäische Rechnungshof, dessen Sitz sich in Luxemburg befindet, gibt an, dass auf dem Gipfelpunkt dieses Massenexodus 850 000 verfolgte Personen die Ägäis überquert hätten, um die griechischen Inseln zu erreichen.[21]

---

[21] Europäischer Rechnungshof, Kammer III, »Reaktion der EU auf die Flüchtlingskrise«, Luxemburg 2017.

Angesichts dieser dramatischen Situation hat die EU ein »temporäres Dringlichkeitsprogramm zur Relokalisierung« *(»resettlement«)*[22] beschlossen, das die Verteilung der Flüchtlinge auf 28 Länder der Union vorsah. Zu diesem Zeitpunkt kamen die Beamten in Brüssel auf die Idee der Hotspots, Erstregistrierungszentren, die von der EU finanziert wurden. Dort sollte der Flüchtling erstregistriert werden, bevor er an die griechischen Behörden überstellt wurde, die endgültig über seinen Asylantrag zu entscheiden hatten. Im Falle einer positiven Entscheidung sollte der Flüchtling relokalisiert – das heißt, (nach einem vereinbarten Verteilerschlüssel) einem der 28 Mitgliedstaaten der EU zugeteilt – werden.

Doch dieses Relokalisierungssystem hat bis heute nie funktioniert. Während Deutschland sich bereit erklärt hat, mehr als einer Million Menschen Asylrecht zu gewähren, weigern sich Ungarn, Polen, Bulgarien und Rumänien kategorisch, an der Umverteilung teilzunehmen. Die Slowakei hat unter der Voraussetzung, dass es sich um Katholiken handelte, nur einige Hundert Flüchtlinge aufgenommen. In Polen hat die regierende Partei für Recht und Gerechtigkeit bis heute jede Teilnahme an der Relokalisierung der Flüchtlinge verweigert. Der Grund: Polen muss seine »ethnische Reinheit« bewahren.[23]

Schon 2017 hat die Europäische Kommission vor dem Europäischen Gerichtshof eine Klage gegen Ungarn, Polen

---

[22] Entscheidung EU 2015/1523 und 2015/2160.
[23] *Le Monde*, online, 4. Oktober 2019.

und Tschechien eingereicht. Unter Verweis auf die Verbindlichkeit des Relokalisierungsprogramms der EU hat der Gerichtshof die drei Mitgliedstaaten verurteilt. Ohne Erfolg, ihre Regierung weigern sich schlicht und einfach, dem Urteilsspruch Folge zu leisten.

Die Konsequenz des eklatanten Misserfolgs Europas bei diesem Vorhaben ist natürlich die Überbelegung der Hotspots im Ägäischen Meer.

Die drei Etappen des Prozesses – Erstregistrierung, Genehmigung oder Ablehnung des Asylantrags und Relokalisierung – sollten nach dem Willen der Funktionäre in Brüssel in maximal sechs Monaten abgewickelt werden. Ein frommer Wunsch!

In seinem Bericht 2019 beklagt der Rechnungshof der EU extrem lange Wartezeiten, die den Asylbewerbern zugemutet werden, bis sie sich zum ersten Mal registrieren lassen können (Erstregistrierung). Bis zu ihrer ersten Anhörung können bis zu drei Jahre verstreichen! Das Warten und der damit einhergehende fast vollkommene Mangel an Information versetzen die Asylbewerber in Angst. Die Ungewissheit, die Unfähigkeit, sich verständlich zu machen, auch der Wartezustand bilden einen traumatisierenden Kontext, der durch Leiden und Verständnislosigkeit gelegentlich in den Selbstmord führt.

Außerdem ist festzustellen, dass alle diese Maßnahmen unter dem Siegel der Heuchelei vor sich gehen. Offiziell unterstehen die Hotspots in der Ägäis ausschließlich der Hoheit Griechenlands. Tatsächlich aber hängen die fraglichen Maßnahmen im Wesentlichen von verschiedenen europäischen Agenturen ab. Doch diese Agenturen, etwa EUROPOL, mit dem Auftrag, gegen die kriminellen Kartelle vorzugehen, in deren Auftrag die Schleuser tätig sind, und potenzielle Terroristen im Flüchtlingsstrom zu entdecken – zwei Aufgaben von eminenter Bedeutung –, sind völlig unterbesetzt und arbeiten infolgedessen extrem langsam. Um in der Menge der Flüchtlinge, die sich über die Hotspots ergießen, getarnte Dschihadisten zu entdecken, sind aufwendige Ermittlungen und tagelange Verhöre erforderlich. In dem erwähnten Bericht des Rechnungshofes schätzen die Verfasser, dass man mindestens 100 EUROPOL-Agenten für die fünf griechischen Hotspots bräuchte, tatsächlich aber waren es 2017 ganze 16 …

Das Gleiche gilt für das EASO (*European Asylum Support Office* – Europäisches Unterstützungsbüro für Asylfragen): Die Beamten dieser Agentur führen die Untersuchungen, Befragungen und Prüfungen durch, die der Genehmigung oder Ablehnung der Asylanträge vorausgehen. Die Untersuchungsbeamten des EASO legen eine Akte an, die anschließend an die zuständige griechische Behörde weitergeleitet wird, damit sie über den Asylantrag entscheiden kann. Soweit wir wissen, hat ihre Zahl seither nicht merklich zugenommen.

Letztes Beispiel: FRONTEX ist gemeinsam mit EUROPOL verantwortlich für die Kontrolle der Flüchtlinge, die Entdeckung von Terroristen und die Zerschlagung der internationalen Menschenhändlernetze. Doch die Personaldecke von FRONTEX ist notorisch dünn.

Der Grund für die Unterbesetzung ist einfach: Jede der Agenturen arbeitet mit »geliehenen« Fachleuten. Denn FRONTEX setzt sich aus Polizisten zusammen, die eine Zeit lang von ihren Ursprungsländern abgeordnet werden, manchmal noch nicht einmal 14 Tage. Gleiches gilt für EUROPOL: In den offiziellen Dokumenten spricht man von »eingeladenen Beamten«. Wahrscheinlich weil sie Aufgaben wahrnehmen – Ausübung der öffentlichen Gewalt, das Recht, Ausländer zu verhören –, die im Prinzip den Beamten des souveränen Staates vorbehalten sind. Um Informationen zu verifizieren, die aus verschiedenen Datenbanken stammen – der von Schengen, deren Zentralrechner sich in Straßburg befindet, oder den Datenbanken verschiedener nationaler Polizeibehörden –, ist eine hohe professionelle Kompetenz erforderlich. Insofern ist es verständlich, dass die nationalen Polizeibehörden und Nachrichtendienste sich von ihren qualifizierten Mitarbeitern nur ungern in größerer Zahl und über längere Zeiträume trennen.

2016 hat man in Brüssel eine finanzielle Soforthilfe in Höhe von 100 Millionen Euro für Griechenland bewilligt. Dieses Geld war für eine Vielzahl von Maßnahmen in den Hotspots bestimmt – etwa für den Bau sanitärer Einrichtungen, Sanierungsarbeiten, Wasserleitungen, die Bereitstellung leistungsfähiger Informationssysteme für die griechische Polizei.

Aber die Korruption ist eine unausrottbare Geißel der Hotspots. Schamhaft schreibt der Rechnungshof der EU zwei Jahre nach der Bewilligung der 100 Millionen Euro für Griechenland: »Bislang liegt noch kein Bericht über die Verwendung dieser Mittel vor.«[24] Seit 2017 ermittelt das Europäische Amt für Betrugsbekämpfung (OLAF, nach französisch: *Office européen de la lutte antifraude*) gegen mehrere Minister der Regierung Tsipras.

Apropos Korruption. An der mehr als 300 Kilometer langen, rauhen Küste der Insel Lesbos stößt der Besucher gelegentlich auf Berge von Schwimmwesten. Dort haben sich Flüchtlinge ihrer Westen entledigt, sobald sie festen Boden unter den Füßen spürten. An denselben Stellen entdeckt man zerrissene Schlauchboote, die an den Küstenklippen hängen. Wer an der Küste spazieren geht oder durch ihre Buchten segelt, kann regelmäßig ein ungewöhnliches Schauspiel beobachten: In aller Frühe oder in der Abenddämmerung fahren Lieferwagen die Küstenstraße entlang. Wenn ihre Fahrer eine solche Ansammlung von Schwimmwesten oder gestrandeten Booten entdecken, halten sie an, nähern sich dem Schlauchboot, nehmen den Motor ab und schneiden die Metallplatte heraus, die seine Unterlage bildet. Das alles wird mit Fischerbooten über die Meerenge befördert und dient den Schleusern zur Ausrüstung neuer Boote. Dieser lukrative Handel vollzieht sich vor den Augen und mit stillschweigender Duldung der griechischen Polizisten und Küstenwachen.

---

[24] Bericht des Rechnungshofs, Luxemburg 2017.

VII

Bevor ich im Mai 2019 das Flugzeug nach Lesbos bestieg, habe ich einige meiner griechischen Freunde in Athen angerufen, um ihren Rat einzuholen. Unter ihnen war auch Meletis Meletopoulos, der angesehenste griechische Soziologe. Sein Kommentar war kurz und knapp: »Du willst also die Konzentrationslager im Ägäischen Meer besuchen? Bereite dich auf einen Schock vor.«

Meletis hatte recht. Wer nach Moria reist, setzt sich einem psychologischen Schock aus.

Das kleine Dorf in unmittelbarer Nähe von Mytilini besteht aus alten, schönen Steinhäusern inmitten duftender Gärten, hinter denen Weinberge und Olivenhaine beginnen. Nach den letzten Häusern steigt die Asphaltstraße jäh an. Das Flüchtlingslager liegt auf den steilen Hängen eines steinigen Hügels. Man hat es innerhalb der Mauern einer ehemaligen Kaserne angelegt, die ursprünglich für 3000 Soldaten gedacht war. Heute sind mehr als 18 000 Frauen, Männer und Kinder, die um Asyl bitten und einer Vielzahl von Völkern angehören (im Wesentlichen Afghanen, Syrer, Iraker, Iraner), von diesen mit Glasscherben und Stacheldraht bewehrten Mauern eingeschlossen.

Es ist das größte Flüchtlingslager Europas.

Die Zelte und Container, die das Hochkommissariat der Vereinten Nationen für Flüchtlinge geliefert hat, bedecken ungefähr 4,5 Hektar, was in etwa sechs Fußballfeldern entspricht.

Am Fuße des Hangs, vor dem riesigen Eisentor, das den Zugang zum Lager verwehrt, halten bewaffnete Polizisten in schwarzer Uniform den Besucher an. Er muss einen vom Migrationsminister in Athen ausgestellten Passierschein vorweisen, um eintreten zu dürfen. Doch um dieses kostbare Stück Papier zu bekommen, muss man eine wochenlange Korrespondenz mit Herrn Anastassopoulos führen, einem Abteilungsleiter im Migrationsministerium.

Am Ende haben alle ihren Passierschein... außer mir und unserem Dolmetscher für Persisch, Naiem Mohamed. Es droht die Zurückweisung. Doch dank der energischen Intervention von Giorgios Pallis, dem Abgeordneten von Lesbos, öffnet sich endlich das Tor.

Auf den Mauern, die die Kaserne und die Nebengebäude umgeben, sind drei Reihen NATO-Draht angebracht. Ich hasse diesen Stacheldraht: Ich habe ihn in der Nähe von Tulkarem und Nablus gesehen, wo er im besetzten Palästina die illegalen israelischen Siedlungen umgab. Betonblocks, oben mit diesem nach der NATO benannten Stacheldraht versehen, blockieren die Straßen, hindern die Bauern daran, auf ihre Felder zu fahren, und die Kinder, ihre Schulen zu besuchen.

Die ungarischen und kroatischen Grenzwachen versperren mit ihm die Wege, auf denen die verfolgten Flüchtlinge versuchen, nach Europa zu gelangen, um dort um Asyl zu bitten.

Das spanische Unternehmen ESF ist der Hauptproduzent des »NATO-Drahts«. Die kranken Gehirne ihrer Ingenieure haben einen unzerbrechlichen Draht entwickelt, versehen mit Widerhaken aus Metall, die scharf wie Rasierklingen sind. Flüchtlingen, die versuchen diesen Stacheldraht hochzuheben, um unter ihm hindurchzukriechen, werden die Hände zerfetzt, gelegentlich sogar Sehnen durchtrennt.

In Moria ist die Enge der Lebensverhältnisse erschreckend. Jenseits der Mauern des offiziellen Lagers erstrecken sich andere: die »inoffiziellen« Lager. Es handelt sich um regelrechte *Slums*, denen man poetische Namen verpasst hat: »Olivenhain I«, »Olivenhain II«, »Olivenhain III« …

Elendsquartiere von gleicher Art gibt es auf Samos. Dort sagt man allerdings prosaischer: »der Dschungel«.[25]

Ungefähr 4000 Flüchtlinge (November 2019) überleben im »Dschungel«. Dort gibt es kaum Toiletten, Duschen, Elektrizität oder fließendes Wasser. Der Chef der Mission von *Ärzte ohne Grenzen* in Samos, Jorgo Karagiannis, berichtet: »Jeden Tag kommen neue Flüchtlingsboote in Samos an. Aber es gibt keinen Platz, die Flüchtlinge unterzubringen.«[26]

---

[25] Im »Dschungel« von Samos führen Michael Räber und seine Mitarbeiter einen täglichen Kampf gegen Unterernährung, Krätze und Suizidversuche der Flüchtlinge.

[26] *Le Monde*, 1./2. November 2019.

76

In Moria werden die Flüchtlinge, die keine Unterkunft in der Kaserne und in den Nebengebäuden oder in den Containern und UNO-Zelten auf dem Exerzierplatz Platz finden, in den umliegenden Olivenhainen angesiedelt. Die Hütten, die sie sich dort zurechtzimmern, sind extrem instabil und unhygienisch. Hier gibt es keine Container oder Zelte des Hochkommissariats für Flüchtlinge, sondern nur Hütten aus Ästen, die mit Plastikplanen bedeckt sind, oder leichte Campingzelte, wie sie junge Touristen in den Sommerferien benutzen. In den Elendsquartieren der »Olivenhaine« hat man auch keine Bettgestelle. Die Flüchtlinge schlafen auf bloßer Erde, auf Pappkartons, die sie vor Feuchtigkeit schützen sollen.

Im offiziellen Lager Moria hat die griechische Verwaltung Toiletten aufgestellt, die man von innen nicht abschließen kann. Häufig sind sie entsetzlich unhygienisch, stinkend und schmutzig. Vor allem aber reicht ihre Zahl bei Weitem nicht aus.

Ioannis Balpakakis ist ein lebhafter Mann mittleren Alters, mit kurz geschnittenen grauen Haaren. Seine kleinen schwarzen Augen mustern den Besucher mit einer Mischung aus Neugier und Misstrauen. Er trägt den martialischen Titel »Kommandant des Lagers Moria«. Sein Büro ist spartanisch eingerichtet: einige Metallstühle, ein riesiger Tisch, mit Akten und Berichten bedeckt, ein lärmender Ventilator, weiße Wände, an die Statistiken geheftet sind – große weiße Blätter, die mit bunten Kurven überzogen sind. Ein massiger Polizist in schwarzer Uniform bewacht den Eingang.

Balpakakis ist ein Freund von Giorgios Pallis, der an dem Gespräch teilnimmt, was vermutlich die Offenheit unserer Unterhaltung erklärt.

Trotzdem ist dem Lagerkommandanten sichtlich unbehaglich zumute. Offenbar ist er hin- und hergerissen zwischen der Großzügigkeit, mit der jeder Grieche, der auf sich hält, seine ausländischen Besucher zu empfangen hat, und den Problemen, die meine Fragen ihm bereiten.

Die Toiletten sind Metallkabinen, die über das Lager verstreut sind. Ihr Gestank hat mich schockiert. Ich frage den Kommandanten danach.

»Wie viele Personen müssen sich eine Kabine teilen?«

Er antwortet: »Ich weiß nicht ... 100 vielleicht?«

Ich: »Warum dieser Gestank?«

Der Kommandant: »Diese Toiletten sind gelegentlich verstopft ... Ich weiß! Aber wir haben kein Geld, was soll ich machen ... Und dann sind die Flüchtlinge vollkommen disziplinlos. Vor allem die Kinder.«

Ich frage: »Und die Duschen?«

Der Kommandant: »Eine Dusche für ungefähr 150 Personen.«

Ich: »Und warmes Wasser? Man hat mir gesagt, dass es selbst im Winter kein warmes Wasser gibt. Die Mütter können ihre Babys wochenlang nicht waschen, aus Angst, die Kleinen holen sich eine Lungenentzündung.«

Der Kommandant: »Ich weiß, ich weiß, aber im nächsten Winter wird es besser. Ich habe vom Minister in Athen elektrische Geräte angefordert, mit denen man das Wasser erwärmen kann.«

»Wie viele Geräte?«

»Ich weiß nicht genau, aber einige sind es sicherlich.«

Für die Bewohner von Lesbos ist das Olivenöl die bei Weitem wichtigste Einnahmequelle. Noch vor dem Fischfang und dem Tourismus. Die inoffiziellen Lager, ihre ständige Ausdehnung führen zwangsläufig zu Konflikten zwischen den Eigentümern der Olivenhaine und den Flüchtlingen. Doktor Spiros Galinos, ein außergewöhnlicher Mann, Arzt und seit vielen Jahren Bürgermeister von Mytilini, bemühte sich jahrelang, sie zu entschärfen. Doch schwer erkrankt, musste er darauf verzichten, sich im Mai 2019 wieder zur Wahl zu stellen.

Die einheimischen Bauern setzen die Behörden extrem unter Druck und verlangen, dass die Invasion ihrer Ländereien durch Flüchtlinge so weit wie möglich eingeschränkt wird. Was zur Folge hat, dass die Enge, das Zusammenrücken der Behelfsquartiere immer erdrückender wird.

Heute leben mehrere Tausend Personen – vor allem Familien aus Afghanistan, Syrien und dem Iran – zusammengedrängt in den inoffiziellen Lagern.

Während meiner Tätigkeit als Sonderberichterstatter der Vereinten Nationen für das Recht auf Nahrung besichtigte ich die Rocinha, die größte Favela von Rio de Janeiro, die *Slums* der *Smokey Mountains* von Manila und die stinkenden *Shanty Towns* von Dhaka in Bangladesch. Aber noch nie habe ich so schmutzige Behausungen, so verzweifelte Familien erlebt wie in den »Olivenhainen« von Moria.

Krätze ist eine ansteckende Hautkrankheit, die durch einen Parasiten, die Krätzmilbe, hervorgerufen wird und zu eitrigen Hautläsionen führt. In den Hotspots der Ägäis leiden Tausende infolge der mangelhaften hygienischen Bedingungen und des Wassermangels an Krätze.

Um die Hütten von Moria türmt sich der Abfall. Ratten und Schlangen nisten sich in den Müllbergen ein. Mangels Wasser können die Gefangenen von Moria ihre Schlafsäcke nur alle zwei Monate waschen. Container und Baracken sind von Läusen befallen. Da es zu wenig Trinkwasser gibt, grassieren Nierenerkrankungen.

Valeria Hänsel, Delegierte der deutschen NGO *Border Monitoring*, schreibt in einem Bericht vom Mai 2019: »In Moria mangelt es an allem: an menschenwürdiger Unterkunft, angemessenen hygienischen Einrichtungen, medizinischer Versorgung, ausreichend Essen und Kleidung. Nach stundenlangem Anstehen in der Essensschlange bleiben viele Menschen hungrig. Die Toiletten sind völlig verdreckt, fließendes Wasser gibt es mitunter nur stundenweise, und die Zelte sind von Müll umgeben … Viele Frauen berichten, auf dem Weg zu den Toiletten Opfer sexueller Übergriffe geworden zu sein. Diese Frauen haben Angst. Die meisten von ihnen verrichten ihre Notdurft nachts in der unmittelbaren Umgebung ihrer Schutzhütte.

Einige der Männer, die im Olivenhain III leben, duschen sich kalt mittels eines Schlauchs, der von einem Bauern zur Verfügung gestellt wurde.«[27]

Am schlimmsten ist der Winter. Mathilde Weibel, Delegierte des Internationalen Komitees vom Roten Kreuz, veröffentlichte im Januar 2019 eine »Hommage à Jean-Paul, mort de froid aux portes de l'Europe« (»Hommage an Jean-Paul, erfroren vor den Toren Europas«):

»Heute Nacht ist Jean-Paul, 24 Jahre, gestorben. Er hat die lange Reise von Kamerun auf sich genommen, um vor den Toren Europas zu sterben, in jener Schändlichkeit unter freiem Himmel, die Moria heißt. Im letzten Dezember hat Jean-Paul den Bischof von Mytilini getroffen. Auf dem Foto sieht man ihn lächeln an der Seite der violetten Soutane.

Er starb. Er ist tot, sie sind tot, und sie werden sterben, andere werden sterben, wie viele andere werden sterben, tun wir nicht so, als wüssten wir es nicht.

Seit zwei Wochen sind die Bewohner von Moria ohne elektrischen Strom. Die Männer, Frauen und Kinder von Moria leben in Containern und Zelten, die weder Heizung noch Licht haben. Niemand schläft während der Nacht, die insulare Kälte kriecht unter die Haut, nistet sich in den Knochen ein, sodass die Gliedmaßen starr werden. Das Thermometer zeigt ein Grad. In den kommenden Tagen soll es schneien.«[28]

---

[27] Valeria Hänsel, *Gefangene des Deals. Die Erosion des europäischen Asylrechts auf der griechischen Hotspot-Insel Lesbos*, München 2019.
[28] Blog von Mathilde Weibel, 10. Januar 2019.

Im Januar 2019 haben die Rechercheure von *Amnesty International* Moria ihren bislang letzten Besuch abgestattet. Sie berichten:

»– Exkremente und Urin, die unter freiem Himmel abfließen, locken Ratten und Mäuse an.

– Es fehlt an Medikamenten, und für die Schwangeren, die Kleinkinder und die kranken oder traumatisierten Menschen steht praktisch kein Arzt zur Verfügung.

– In den Toiletten gibt es kein Licht und keine Möglichkeit, sie zu verschließen. Insbesondere Frauen werden dort nachts belästigt, geschlagen und vergewaltigt.

– Es ist keine Schule für die vielen Kinder vorhanden. Sie spielen im Schlamm und im Abfall.

– Viele haben Hunger, weil die Essensrationen nicht ausreichen.«[29]

Ihre Schlussfolgerung: »Diese unmenschlichen und überfüllten Lager müssen augenblicklich geschlossen werden.«[30]

In seinem Roman *Kaputt* berichtet Curzio Malaparte, wie er in der Uniform eines Hauptmanns der italienischen

---

[29] Bericht von Amnesty International, London 2019.
[30] Ebd.

Armee das Warschauer Getto besichtigte. Er schildert das Gefühl der Scham und des Unbehagens, das ihn beim Anblick der Erniedrigung und der Angst dieser eingesperrten Menschen überkommt.[31] Malaparte ist nicht der unmittelbare Urheber der Schrecken, mit denen er sich konfrontiert sah. Doch als italienischer Militärangehöriger, der mit den Nazis verbündet war, fühlte er sich als unfreiwilliger Komplize der Schurken.

Während ich zwischen den Hütten und Sommerzelten der »Olivenhaine« umherging, empfand ich genau die gleiche Betroffenheit. Ich war nicht direkt verantwortlich für das menschliche Elend, das ich vor Augen hatte, doch als Europäer, als Mensch, der bislang stumm geblieben war, hatte ich zu der Verschwörung des Schweigens beigetragen, die diese Gräuel erst ermöglichten.

---

[31] Curzio Malaparte, *Kaputt,* Neapel, Casella, 1944 (dt.: Karlsruhe 1951).

VIII

Ein einziges Mal fand Moria Eingang in die öffentliche europäische Debatte, das war im Oktober 2018. Der Sturm »Zorba« peitschte Wellen von zehn Metern Höhe durch das Ägäische Meer. Auf der Insel Lesbos verwüstete er die Flüchtlingslager. Der Sturm heulte. Der Himmel war schwarz... Hinter dem Stacheldraht des in der Kaserne liegenden Lagers waren die großen Zelte des Hochkommissariats für Flüchtlinge zusammengebrochen, die Container platt gedrückt und die Baracken, in denen die Lagerbehörde untergebracht war, aus den Fundamenten gerissen. Es wurden Windgeschwindigkeiten von 200 bis 260 Stundenkilometern gemessen.

In den »Olivenhainen« hatte der Sturm die leichten Campingzelte zerrissen und die meisten Hütten zerstört. Die Plastikplanen waren zerfetzt und die Dächer aus Wellblech fortgeweht. Die Latrinen waren übergelaufen; Matratzen, Schlafsäcke, Behelfsküchen zu ebener Erde, Vorräte – das alles ertrank in einer unbeschreiblich ekligen Brühe.

Die Krankenschwestern und Mediziner von *Ärzte ohne Grenzen* haben das Elend dokumentiert. Sie haben die Kinder fotografiert, die vor Kälte zitternd auf durchnässten Matratzen lagen. Sie fotografierten und filmten auch die Fäkalienströme, die sich aus den Latrinen ergossen, die verstörten, hungernden Menschen, die inmitten des Unwetters vor den halb zerstörten Nahrungsmitteldepots Schlange standen, um eine warme Mahlzeit zu bekommen. Die Verantwortlichen von *Ärzte ohne Grenzen* posteten ihre Videos im Internet.

In Genf sprang Filippo Grandi, der energische UN-Hochkommissar für Flüchtlinge, in das nächste Flugzeug nach Athen. Dort nahm er den Verteidigungsminister Pános Kamménos in die Pflicht. Da es sich bei Moria um eine ehemalige Kaserne handelt, war – und ist – der Verteidigungsminister für das Lager verantwortlich.

Verschiedene internationale Fernsehsender und europäische Zeitungen berichteten über die Tragödie.

Im Athener Parlament fand die erste (und bislang einzige) öffentliche Debatte über die Frage statt, was gegen das Martyrium der Flüchtlinge in Moria zu unternehmen sei. Damals war Kyriákos Mitsotákis der Oppositionsführer. Sein Urteil: Moria und seine Lager sind »eine nationale Schande«.

»Zorba« ging vorbei. Andere Berichte aus anderen Regionen, in denen Krieg und Not herrschten, ließen die Schreckensbilder verblassen, die die *Ärzte ohne Grenzen* dokumentiert hatten. Im offiziellen Lager und in den »Olivenhainen I, II, III« geht das Leiden der Flüchtlingsfamilien weiter, dieser ohnmächtigen, verzweifelten und von der Welt vergessenen Gefangenen der europäischen Bürokratie. Sie erleben, wie Alexander Behr schrieb, einen »kafkaesken Albtraum«.[32]

---

[32] Alexander Behr, in: *medico international* 2019, 2, S. 12 f.

IX

In Begleitung des jungen Mohemmadi Naiem, unseres klugen Farsi-Dolmetschers, und von fünf äußerst misstrauischen griechischen Polizisten, die in einem Abstand von einigen Metern folgen, nähere ich mich einem Container, der fast auf dem Gipfel des Hügels steht. Dort lebt eine Flüchtlingsfamilie aus Herat: Eine Mutter von 26 Jahren, im achten Monat schwanger, ein ängstlicher Ehemann in den Dreißigern, ein kleines Mädchen von vier Jahren.

Ein Gewitter bricht über uns herein. Der Regen verwandelt den schmalen Pfad in einen Schlammfluss. Naiem fragt, ob wir eintreten dürfen, bis die Sintflut vorbei ist. Wir sind willkommen. Tatsächlich betreten wir einen »Halbcontainer«: Der klassische Container für Flüchtlinge, der in der ganzen Welt von den Beamten des UN-Hochkommissariats für Flüchtlinge aufgestellt wird, ist hier zweigeteilt. Ein Betttuch, das zwischen Decke und Boden aufgespannt ist, trennt den Lebensraum von zwei Familien.

Für unsere afghanischen Gastgeber bleibt ein Raum von sechs Quadratmetern. Ein roh gezimmertes Etagenbett nimmt mehr als ein Drittel des verfügbaren Raumes ein. In Regalen aus alten Plastikkisten sind die äußerst bescheidenen Kleidungsstücke und Schuhe der Familienmitglieder untergebracht. Ich stelle die Fragen, Naiem übersetzt, meine Begleiter notieren die Antworten.

Die Mutter hat Angst. Sie sagt: »Im Iran, in unserem ersten Exil, musste ich mich einer schwierigen Operation unterziehen. Aber hier, in Moria, kümmert sich niemand um uns. Es ist unmöglich, meine Schwangerschaft kontrollieren zu lassen … Und was wird mit der Geburt meines Kindes?«

Der Ehemann ergänzt: »Das Problem ist das Essen. Das Gedränge der Menge vor den Schaltern ist fürchterlich, häufig sogar gefährlich. Man läuft Gefahr, tot getreten zu werden. Oft komme ich mit leeren Händen zurück. Nachbarn geben uns, was übrig geblieben ist.«

Draußen hat der Regen aufgehört. Das kleine Mädchen kehrt in den Schlamm zurück und beginnt wieder, mitten in den Abfällen zu spielen.

Das Leben in diesen unterteilten Containern ist schwer zu ertragen. Wenn ein Kind (oder ein Erwachsener) weint, kann auf der anderen Seite der Trenndecke niemand schlafen. Aber die Familien haben keine Wahl. Das Hochkommissariat der Vereinten Nationen hat nicht genügend Container geliefert …

Wer die Enge in diesen Hilfsunterkünften nicht erträgt, hat nur eine andere Option: die Hütten unter Plastikplanen in den »Olivenhainen«. Aber dort gibt es weder stabile Dächer noch Wände. Wenn es regnet, wird oft die ganze Unterkunft überschwemmt. Und was ist im

Winter? Der Container bietet notdürftigen Schutz gegen Kälte und Schnee. Die Hütten aus Plastikplanen und trockenen Ästen brechen häufig unter der Schneelast zusammen.

Semeen Alizada trägt einen schwarzen Tschador. Sie ist erst 32 Jahre alt, aber ihr zahnloses Gesicht ist das einer alten Frau. Eingefallene Wangen, bleiche Haut, schöne braune, fast unbewegliche Augen. Sie umgibt eine Aura von Traurigkeit, aber auch von Entschlossenheit. Ihre vier Kinder – Mustapha, drei Jahre, Azira, vier Jahre, und die beiden Zwillinge Amir und Timur, zwölf Jahre – spielen im Schlamm, der die Unterkunft aus Plastik und trockenen Ästen im Lager »Olivenhain II« umgibt.

Ich empfinde für Semeen große Hochachtung. In der Hölle von Moria ist es ihr durch Intelligenz, Geduld und Willenskraft gelungen, eine Art Bäckerei zu gründen. Die englische NGO *Save the Children hat* ihr 100 Kilo Mehl geliefert; es ist hinter dem Plastikvorhang aufgestapelt, der der Schutzhütte der Familie als Tür dient. Mit gespreizten Beinen sitzt Semeen vor einem mit Steinen umrandeten Loch. Am Grund des Lochs leuchtet die Glut. Dort brät Semeen Weizengaletten. Sie ist von einer schweigenden Menschenmenge umgeben. Semeen verkauft die Galetten für 50 Cent das Stück.

Naiem Mohamed übersetzt aus dem Farsi. Auch Semeen und ihre Familie kommen aus Herat in Afghanistan. Sie war Englischlehrerin, ihr Ehemann ebenfalls. Beide haben am Gymnasium dieser großen Stadt in Westafghanistan unterrichtet. Er hat gelegentlich als Dolmetscher für die amerikanische Garnison gearbeitet.

In einer Januarnacht des Jahres 2018 sind maskierte Taliban in ihre Wohnung eingedrungen. Sie haben den Ehemann aus nächster Nähe erschossen und die Zwillinge bedroht.

In dieser Nacht ist Semeen mit ihren Kindern in Richtung der iranischen Grenze geflohen. Später hat ein iranischer Schmuggler die Weiterreise der Familie per Lastwagen und zu Fuß in die Türkei organisiert.

An der türkischen Ägäisküste angekommen, hat sich Semeen an einen anderen Schleuser gewandt. Für 1000 Dollar haben sie und ihre Kinder einen Platz in einem Schlauchboot bekommen, das bei Nacht auf die Meerenge hinausgefahren ist. Der Motor versagte. Das Meer war wie entfesselt. Das Boot kenterte. 17 Menschen ertranken, unter ihnen Semeens jüngste Tochter Mharyam, zwei Jahre alt.

Wohin ich auch blicke, mit wem ich auch spreche in Moria, ich stoße auf Tragödien. Die überwältigende Mehrheit der Flüchtlinge – Kinder, Frauen und Männer – sind gezeichnet von den Schrecken, die sie in ihren Herkunftsländern erlebt haben, oder durch die Leiden und Demütigungen, die sie während ihrer langen und schmerzlichen Odyssee erdulden mussten.

Vor allem viele junge Männer erlitten in ihrer Heimat oder in den durchreisten Ländern Folterungen, die Spuren auf ihren Körpern hinterlassen haben: Brandnarben auf den Rücken, Finger, denen die Nägel herausgerissen wurden – Wunden, die man dem Besucher verstohlen zeigt, um seine Leidensgeschichte glaubhafter zu machen.

X

Auf halber Höhe des steinigen Hügels von Moria stehen einige riesige Gemeinschaftszelte. Dort treffe ich eine Gruppe von Familien, die die Massaker von Jarmuk überlebt haben.

Im Jahr 1957 sieben Kilometer südlich von Damaskus errichtet, wurde Jarmuk bis 2011 von 200 000 Palästinensern (aber auch von Syrern und Irakern) bewohnt. Heute leben in den Ruinen von Jarmuk nur noch 16 000 Menschen. Bis zu seiner Zerstörung im Jahr 2017 war Jarmuk das größte Lager der Welt für palästinensische Flüchtlinge. Tatsächlich ist das Riesenlager eine Stadt. Und in dem halben Jahrhundert seiner Existenz hat sich diese Stadt die Vororte Hajar al-Aswad, Tadamoun und Qadam von Damaskus einverleibt.

Eigentlich ist Jarmuk der Name eines Flusses. Aber es ist auch – und vor allem – der Name jenes Sieges, den die Krieger des entstehenden Kalifats 636 an seinem Ufer gegen die Armeen des Oströmischen Reichs errangen und damit der byzantinischen Herrschaft in Syrien ein Ende setzten. Dieser Sieg markiert den Anfang einer umfassenden muslimischen Expansion.

Ich kenne Jarmuk von früher und erinnere mich an

das Gewirr der Gässchen, die bunten Verkaufsstände, die Krankenhäuser, die Parks, die Schulen, die mit den Namen von Märtyrern geschmückt waren, die zehnstöckigen Gebäude, die fröhlichen Springbrunnen, das lärmende, geschäftige Leben auf den Straßen, die Restaurants, die nach Kebab rochen, die allgegenwärtige Musik.

In der Luftlinie ist Ramallah keine 200 Kilometer von Jarmuk entfernt. Doch keiner palästinensischen Behörde ist es jemals gelungen, eine dauerhafte Beziehung (der politischen Macht oder der Solidarität) mit diesem riesigen Flüchtlingslager herzustellen.

Seit Ausbruch des syrischen Krieges im März 2011 hat Jarmuk ein einziges Martyrium durchlebt. Die Palästinenser waren – in ihrer überwältigenden Mehrheit – vollkommen unbeteiligt an diesen Massakern. Doch die Terroristen des Islamischen Staats (nordafrikanische, europäische und asiatische Dschihadisten in großer Zahl) drangen in die Stadt ein. 2013 schlossen die Truppen von Baschar al-Assad die Stadt ein und unterwarfen sie einer Nahrungsmittelblockade. UNRWA[33] musste seine Hilfslieferungen an Nahrungsmitteln und Medikamenten unterbrechen. Daraufhin starben Zehntausende von Kindern, Männern und Frauen an Hunger und Epidemien.

Die Napalm- und Splitterbomben der von Putin geschickten russischen Suchoi-Flugzeuge haben die Stadt in

---

[33] Das von der UN-Generalversammlung 1948 gegründete Hilfswerk, das für die 5,5 Millionen Palästina-Flüchtlinge im Nahen Osten verantwortlich ist.

eine Mondlandschaft verwandelt. Tausende von Bewohnern wurden zerfetzt und verstümmelt.

Heute warten noch immer zahlreiche Überlebende von Jarmuk hinter dem Stacheldraht von Moria – oft seit mehr als ein oder zwei Jahren – darauf, dass die europäischen Beamten des EASO so gnädig sind, sie zu einem ersten »Verhör« einzubestellen.

Ihre Berichte ließen mir das Blut in den Adern gefrieren.

Ahmed, unser Dolmetscher für arabische Sprachen, stammt selbst aus Jarmuk. Die beiden palästinensischen Flüchtlingsfamilien, die uns in ihren Gemeinschaftszelten empfangen, vertrauen ihm offensichtlich. Sie sprechen offen mit uns, in einer Mischung aus Verzweiflung und Wut.

Einer der Familienväter ist ein Kardiologe, der in Paris studiert hat. Der andere ist Rechtsanwalt. Er hat die Terrorangriffe der russischen und syrischen Bomber mit drei seiner Kinder überlebt (zwei sind ihnen zum Opfer gefallen). Beide wissen genau, wie die zwischenstaatlichen Organisationen und die nationalen Verwaltungen funktionieren. Sie wollen verstehen. Wer ist für die Hölle von Moria verantwortlich?

Ich vermag ihnen auch keine endgültige Antwort zu geben.

Der stets gut gelaunte Lagerkommandant Ioannis Balpakakis macht kaum einen Hehl daraus, dass er die Regierung in Athen für verantwortlich hält, weil sie ihm die erforderlichen Ressourcen verweigert, um die Flüchtlinge angemessen unterzubringen und zu ernähren.

Der griechische Migrationsminister und sein Kollege, der Gesundheitsminister, werfen ihrerseits der EU vor, sie lasse es an der nötigen finanziellen Unterstützung fehlen. Die Bürokraten in Brüssel schieben den Schwarzen Peter wiederum der Lethargie und Gleichgültigkeit der griechischen Verwaltung zu, die es versäume, die zusätzliche Hilfe im erforderlichen rechtlichen Rahmen einzufordern.

Die EU-Kommission weist den Vorwurf der Gleichgültigkeit weit von sich. In den vergangenen fünf Jahren hat sie den griechischen Behörden mehr als eine Milliarde Euro überwiesen. Aber der Korruptionsverdacht vergiftet die Beziehungen zwischen Brüssel und den griechischen Ministern.

XI

Das Menschenrecht auf angemessene Ernährung, wie es sich aus dem Artikel 11 des Internationalen Paktes über wirtschaftliche, soziale und kulturelle Rechte[34] ergibt, lässt sich folgendermaßen definieren:

> Das Recht auf angemessene Ernährung ist das Recht, unmittelbar oder durch finanzielle Mittel einen regelmäßigen, dauerhaften und freien Zugang zu einer qualitativ und quantitativ ausreichenden Nahrung zu haben, die den kulturellen Traditionen des Volkes entspricht, dem der Verbraucher angehört, und die ein physisches und psychisches, individuelles und kollektives, befriedigendes und menschenwürdiges Leben ermöglicht, das frei ist von Angst.

Von allen Menschenrechten wird in den Hotspots des Ägäischen Meeres sicherlich keines dauerhafter und massiver verletzt als das Recht auf angemessene Ernährung.

Die Essensausgabe im offiziellen Lager findet zweimal am Tag an acht verschiedenen Orten statt. Die Flücht-

---

[34] Von der Generalversammlung der Vereinten Nationen am 19. Dezember 1966 verabschiedet.

linge, die in den »Olivenhainen I, II, III« untergebracht sind, können sie ebenfalls nutzen. Innerhalb der Ringmauer der Kaserne befinden sich Baracken, die mit Schaltern für die Essensausgabe ausgerüstet sind.

Gewöhnlich stellt sich der Familienvater oder ein jüngerer Sohn in der Schlange an. Man muss sich auf zwei bis drei Stunden gefasst machen. Der Empfänger hält die Ausweise der Familie bereit. Die Lagerbeamten, die hinter den schmalen Schaltern stehen, prüfen die Ausweise, dann schieben sie dem Empfangsberechtigten die Plastikschalen zu. Jeder Flüchtling hat außerdem das Recht auf eine Plastikflasche mit 1,5 Litern Trinkwasser pro Tag.

Im Allgemeinen herrscht fürchterliches Gedränge vor den Schaltern. Regelmäßig müssen zahlreiche Empfangsberechtigte mit leeren Händen abziehen. Nach übereinstimmenden Aussagen der Flüchtlinge ist das verteilte Essen unzureichend und häufig ungenießbar.

Die Verantwortung für die Ernährung der Flüchtlinge liegt ausschließlich beim Verteidigungsministerium in Athen, das für die ehemalige Kaserne zuständig ist. Die Empfänger der EU-Gelder in Höhe von vielen Millionen Euro schließen Lieferverträge mit den privaten Cateringfirmen auf dem Festland ab. Diese Firmen entladen täglich Berge von Plastikbehältern im Hafen von Mytilini und transportieren sie ins Lager Moria.

Während meines Aufenthalts habe ich rund einem Dutzend dieser Essensverteilungen beigewohnt. Viermal habe ich gesehen, wie die Leute die Behälter öffneten, an dem Fleisch, dem Huhn oder dem Fisch rochen und sie sofort wegwarfen, sodass sie meist nur die Beilagen, den Reis oder die Kartoffeln, behielten.

Ich konnte mich selbst davon überzeugen: Die »Ragouts« rochen widerlich. Sie waren ungenießbar.

In dem spartanischen weißen Büro des Lagerkommandanten, dessen Wände mit See- und Landkarten bedeckt sind, ist die Stimmung auf dem Nullpunkt. Man könnte fast Mitleid mit Ioannis Balpakakis haben.

»Was wollen Sie? Wir beherbergen in Moria Familien und Einzelpersonen, die 58 verschiedenen Nationalitäten angehören. Die haben höchst verschiedene Vorlieben, Geschmacksgewohnheiten und Nahrungstabus. Wie soll man sie alle zufriedenstellen? Das ist unmöglich!«

Ich hake nach: »Ich verstehe Sie vollkommen. Aber hier geht es nicht um die Vielfalt der Ernährungsgewohnheiten, sondern die Qualität der Nahrung, um all dieses ungenießbare Essen! Ich habe gesehen, wie Flüchtlinge die Deckel der Plastikbehälter anhoben, die Fleisch oder Fisch enthielten, und den Inhalt dann sofort in die großen Mülltonnen des Lagers warfen. Und ich habe wie sie diesen ekelhaften Geruch wahrgenommen. Für den schiitischen Familienvater aus Bahrain, den Sunniten aus Palästina oder den Christen aus Basra ist ein verdorbener Fisch ein verdorbener Fisch – das hat nichts mit irgendwelchen kulturellen Besonderheiten zu tun.«

Der alte Ventilator wimmert. Der Kommandant schweigt. Plötzlich sagt er: »Ich habe meine Versetzung beantragt. Ich werde Moria demnächst verlassen.«

Ich stehe auf und schüttle ihm die Hand. Herzlich und voller Mitgefühl. Ich meine, die Andeutung eines erleichterten Seufzers zu hören.

Draußen regnet es wieder. Alle – die griechischen Beamten, die Soldaten, die Polizisten, die Aktivisten der internationalen und der griechischen Zivilgesellschaft, die Agenten der UNO –, sie alle wissen von dem Skandal, dass verdorbenes Essen in den Hotspots ausgeteilt wird.

In Mytilini spreche ich mit Astrid Castelein, einer jungen Frau, blond und reserviert, die das lokale Büro des UN-Hochkommissariats für Flüchtlinge leitet. Sie beherrscht ihr Metier. Das aseptische Vokabular der UNO geht ihr glatt von der Zunge. Sie antwortet: »Ich habe von diesen Problemen gehört. Doch die Ernährung der Flüchtlinge gehört nicht zu den Aufgaben, die uns kraft der Vereinbarungen zwischen dem Hochkommissariat und der griechischen Regierung übertragen worden sind.«

Griechenland ist ein hoch entwickeltes Land, das vor allem über eine außergewöhnliche touristische Infrastruktur verfügt. Cateringunternehmen liefern täglich qualitativ hochwertiges Essen an Zehntausende von Hotels und Restaurants auf den Inseln und dem Festland. Warum nicht auch nach Moria? Die Antwort, die man am häufigsten hört, lautet: wegen der unfassbaren Bestechlichkeit vieler griechischen Militärs. In den Hotspots sind sie die alleinigen Herren. Ein Staat im Staat. Die griechische Armee ist eine zutiefst reaktionäre Institution, die in der Vergangenheit schon mehrfach Putsche gegen verfassungsmäßige Regierungen angezettelt hat. Die letzte Militärdiktatur war von 1967 bis 1974 an der Macht. Die von Syriza getragene Regierung ist aus der von den Militärs so geschmähten extremen Linken hervorgegangen. Zum Beweis: Die Regierung Tsipras – die bis Mitte 2019 für die Hotspots in der Ägäis verantwortlich war – hat nicht gewagt, die empörenden Vorrechte des Militärs anzutasten.

Und die europäischen Behörden – vor allem der Rechnungshof und das Europäische Amt für Betrugsbekämpfung (OLAF) – ermitteln... ohne große Überzeugung, muss man leider sagen, und ohne bislang die Informationen erhalten zu haben, die sie für ihre Arbeit brauchen – was insbesondere für die viel beschworenen, zwischen den Generälen und den Privatfirmen abgeschlossenen Verträge über die Nahrungsmittellieferungen gilt.

XII

Während die Sieger des Ersten Weltkriegs damit beschäftigt waren, das Osmanische Reich zu zerschlagen,[35] tobte vom Mai 1919 bis zum Oktober 1922 – drei Jahre und fünf Monate lang – in Westanatolien ein schrecklicher Krieg zwischen der griechischen Armee und den türkischen Truppen der Kemalisten.[36] Er forderte Zehntausende von Toten und Hunderttausende von Verstümmelten und Verwundeten.

Die Großmutter mütterlicherseits meines Freundes Stelios Kamnarokos kam bei dem Brand von Smyrna (Izmir) ums Leben. Sein Großvater väterlicherseits starb unter den Kugeln eines türkischen Erschießungskommandos. 1922 beendete der Vertrag von Lausanne die kriegerische Auseinandersetzung, legte neue Grenzen fest und begründete die moderne Türkei. Daraufhin begann eine schreckliche Jagd auf Griechen in Kleinasien, an den Küsten des Schwarzen Meeres, des Bosporus und auf den Dardanellen. Fast zwei Millionen griechische Männer, Frauen

---

[35] Vertrag von Sèvres, 1920.

[36] Nach dem Revolutionär Mustafa Kemal Atatürk, Kommandant der Streitkräfte der nationalistischen Türken, erster Präsident der 1923 ausgerufenen Republik Türkei.

und Kinder wurden obdachlos und strömten nach Griechenland, vor allem nach Thrakien, Mazedonien und auf die Inseln der Ägäis. Man schätzt, dass heute 60 Prozent der Bevölkerung von Lesbos Nachkommen der griechischen Flüchtlinge aus Kleinasien sind.

Es sind also keine 100 Jahre, die die Mehrheit der Inselbewohner von der Tragödie ihrer Vorfahren – der »Großen Katastrophe« – trennen. Drei Generationen – ein relativ kurzer Erinnerungszeitraum.

Die Erinnerung an die Angst, die Leiden ihrer Vorfahren, die als Flüchtlinge ihre neue Heimat meist erst kennenlernen mussten, ist im Bewusstsein der Bewohner von Lesbos heute noch lebendig. Sie prägt ihr Verhalten. Natürlich gibt es Konflikte und Reibereien zwischen der einheimischen Bevölkerung und den Gefangenen von Moria, wobei es, wie gesagt, vor allem um die ständige Ausweitung der inoffiziellen Lager in den Olivenhainen geht. Doch in ihrer großen Mehrheit begegnen die Leute von Lesbos – unabhängig von der sozialen Schicht und dem politischen Standpunkt – den Asylbewerbern mit wohlwollender Solidarität.

Das belegen zahlreiche einheimische Initiativen. Das *Art Hope Center* liegt nur wenige Schritte südlich von Mytilini. Aktivistinnen und Aktivisten der Zivilgesellschaft aus ganz Europa haben hier 2017 zusammen mit Flüchtlingen ein selbst verwaltetes Kulturzentrum gegründet. Spenden aus der ganzen Welt ermöglichten die Anmietung dreier riesiger Lagerhallen. Philippa, eine energische und warmherzige Britin von etwa 40 Jahren, lebt mit ihrem griechischen Mann seit mehr als 20 Jahren auf der Insel. Sie ist eine Mitbegründerin des Zentrums. Voller Stolz und Begeisterung empfing sie uns. In einem Saal unweit des Meeres wohnten wir der Probe einer aus Flüchtlingen bestehenden Laientheatergruppe bei. Die Darsteller kamen überwiegend aus den »Olivenhainen«, deren Bewohner sich frei bewegen können. Thema des Stückes ist natürlich das Leben der Asylbewerber, sind die Verhöre, denen sie sich unterziehen müssen, und das endlose Warten auf die Entscheidung der griechischen Behörden.

Philippa ist eine pragmatische, zupackende und sehr tüchtige Frau. »Schauen Sie dort, unter den Bäumen. Das sind unsere Malschüler. Bei zwei Malern aus Mytilini lernen sie Aquarellieren. Und hören Sie etwas weiter die Gitarre? Das ist Israël, ein achtzehnjähriger Kongolese, der vor fünf Jahren vor den blutigen Stammesfehden in seiner Heimat Kasaï floh, bei denen in einer einzigen Nacht seine ganze Familie unter den Machetenhieben der Mörder starb. Er hat eine schreckliche Odyssee überlebt. Jetzt bringt er einem jungen Afghanen, den er im ›Olivenhain I‹ kennengelernt hat, das Gitarrespielen bei.«

Schweigend lauscht sie dem Lied, das Israël in der Ferne angestimmt hat. Dann sagt sie – und ihre blauen Augen wirken wie verschleiert: »Die Kunst ist wichtig. Nach allem, was sie erlebt haben, angesichts der Verzweiflung, die sie bedroht, muss ihre Seele atmen können. Aber vielleicht ist die Würde des Körpers genauso wichtig. Aus England, Deutschland, Holland, Frankreich erhalten wir Container voller Hygieneartikel und Kleidung, die großenteils von anonymen Spendern stammen.« Philippa lacht: »Das einzige Problem, das wir haben, besteht darin – dass die Kleidungsstücke im Allgemeinen zu groß sind. Die Europäer essen mehr und sind korpulenter als die Flüchtlinge...«

150 bis 200 Flüchtlinge, zumeist junge Mädchen und junge Männer, besuchen pro Tag das *Art Hope Center*.

Ein anderer Beleg für die wunderbare Solidarität der Bewohner von Lesbos: In einem typischen Gebäude der Altstadt von Mytilini haben die beiden Griechinnen Lena und Ephgenia ein Restaurant eröffnet– das *Nan* (*Nan* ist der Name der traditionellen afghanischen Weizengalette). Dort arbeiten Flüchtlinge mit Angestellten aus Lesbos zusammen.

Im *Nan* treffe ich eine junge Afghanin. Vier Jahre sitzt sie schon auf der Insel fest, doch seit drei Monaten arbeitet sie als Köchin in dem Restaurant. Sie ist »fast glücklich – zum ersten Mal in meinem Leben«, wie sie lächelnd versichert.

Hafiz ist schlank, mit schmalem Schnurrbart und dunklem Teint. Er ist 32. Auch er befindet sich seit vier Jahren auf der Insel. Ursprünglich kommt er aus der pakistanischen Stadt Lahore, wo ihm die örtlichen Taliban nach dem Leben trachteten. Sein Verbrechen: Er hatte gelegentlich das eine oder andere der fünf täglichen Gebete ausgelassen, die der Islam dem Gläubigen vorschreibt.

Heute ist er ebenfalls Koch im *Nan*. Er sagt: »Ich liebe unser Restaurant. Dort gibt es sehr unterschiedliche Gerichte. Viele sehr verschiedene Gäste kommen zu uns. Wir sind wie eine große Familie.« Lena, die unserem Gespräch lauscht, nickt verstohlen. Sie ist stolz auf ihre Landsleute. Zu Recht.

Doch die wirksamste Solidaritätsorganisation auf Lesbos ist wahrscheinlich die NGO *Refugee Support Aegean*. Ihr gehören ein Dutzend Rechtsanwälte und Rechtsanwältinnen an, die fast alle auf den Inseln geboren wurden. Natassa Strachini hat mir berichtet, wie viel ihr Anwaltskollektiv, das sich der Verteidigung von Asylbewerbern verschrieben hat, der Unterstützung durch zivilgesellschaftliche Organisationen in Europa verdankt.

Besonders zwei Persönlichkeiten, Chefs zweier einflussreicher deutscher NGOs, unterstützen die Arbeit von *Refugee Support Aegean*: Thomas Gebauer, angesehener Präsident der Stiftung *medico international*, und Karl Kopp, der mutige Präsident von *Pro Asyl*. Ihre finanzielle (aber auch politische) Unterstützung ermöglicht es Natassa und ihren Mitstreitern, abgewiesene Asylsuchende vor der Berufungsinstanz in Athen zu verteidigen. In einigen Fällen hat das Kollektiv sogar einen Sieg vor dem Europäischen Gerichtshof für Menschenrechte in Straßburg erstritten.

Natassa Strachini, Dimitris Tschoulis und ihre zehn Kollegen haben ihre Privatkanzleien geschlossen. Sie widmen ihre ganze Zeit dem Kampf für die Rechte der Flüchtlinge.

Lesbos Solidarity ist ein Zusammenschluss von Inselbewohnern. Er wurde 2015 gegründet, nachdem ein Bootsunglück auf der Meerenge 22 Flüchtlingen, darunter elf Kinder, das Leben gekostet hatte. Um diese Toten zu bestatten, legten die Bewohner von Lesbos am Südrand von Mytilini einen Friedhof an.

Lesbos Solidarity unterstützt den Bau einer Notaufnahme für kranke Flüchtlinge und für Kinder ohne Familie. Eine Ansammmlung von einigen Baracken – ein ehemaliges Ferienlager für griechische Schüler – wurde zum *Pikpa-Camp*. Dort sind bereits 200 Flüchtlinge aufgenommen worden. Verstreut unter Pinien liegend und von duftenden Blütenpflanzen umgeben, machen die Baracken einen sehr einladenden Eindruck. Ich treffe dort eine Frau mittleren Alters, deren Blick Energie und Güte ausstrahlt. Ute Guiewob ist Pastorin in Berlin. Sie verbringt ihre Urlaube auf Lesbos und bringt den Flüchtlingen des *Pikpa-Camps* Spenden von ihren deutschen Gemeindemitgliedern – Kleidung, Hygieneartikel etc.

Mosaik, eine weitere dieser informellen Notaufnahmen, wurde ebenfalls von *Lesbos Solidarity* erbaut und eingerichtet.

Lena Altinoglu, Mitbegründerin des Restaurant *Nan*, ist eine der entschlossensten Aktivistinnen von *Lesbos Solidarity*. In ihrem von Griechen und Flüchtlingen selbst verwalteten Restaurant begegnen sich die Menschen, die in den inoffiziellen, zwei Stunden Fußmarsch entfernten Lagern der »Olivenhaine« untergebracht sind, und die Einwohner von Mytilini und sprechen miteinander. Häufig mit Unterstützung durch ehrenamtliche Dolmetscher. Lena sagt zu mir: »Sie sprechen miteinander, wissen Sie, und das ist unbezahlbar. Die Flüchtlinge fühlen sich plötzlich als menschliche Wesen anerkannt. Einige Stunden lang vergessen sie die Angst vor der Abschiebung und die traumatischen Erinnerungen, die sie heimsuchen.«

Über der Altstadtgasse, in der sich die Holztische und Stühle des *Nan* aneinanderreihen, wölbt sich der leuchtende Sternenhimmel. Die Luft ist sanft.

Lena Altinoglu ist nicht auf Lesbos geboren, aber sie hat jahrzehntelang am örtlichen Gymnasium Englisch unterrichtet. Als sie pensioniert wurde, ist sie nicht auf das Festland zurückgekehrt. Ich frage sie nach dem Grund. Sie antwortet: »Wegen der Flüchtlinge.«

Ich könnte endlos fortfahren mit Beispielen für diese eindrucksvolle Solidarität, für das Wohlwollen und Einfühlungsvermögen, das die Bewohner von Lesbos den verfolgten Menschen entgegenbringen. Nach vielen Zeugnissen zu urteilen, verhalten sich die Bewohner von Samos, Chios, Leros und Kos nicht anders.

Fabiola ist eine junge Frau, die mit einem Griechen von der Insel verheiratet ist. Von Beruf ist sie Physiotherapeutin. Regelmäßig sucht sie die Hütten der »Olivenhaine« auf. Dort massiert sie kostenlos verletzte oder gelähmte Flüchtlinge, um ihre Schmerzen zu lindern. Eines Tages entdeckte sie ganz hinten in einer solchen behelfsmäßigen Unterkunft einen jungen Mann, der zu ebener Erde auf einer Matte lag und sich vor Schmerzen krümmte. Sohrab Shizrad, 25 Jahre, ist Afghane. In Kabul war er Lastwagenfahrer in einem Privatunternehmen. Eines Morgens wurde sein Lastwagen auf einer sehr belebten Straße von Taliban mit einer Panzerfaust angegriffen. Sohrab überlebte wie durch ein Wunder. Aber er trug schwere Verletzungen an einem Bein davon.

Trotz seiner Schmerzen ist Sohrab bis zum Hotspot auf Lesbos gelangt.

Fabiola wandte sich an den einzigen Militärarzt, der für die Gesundheit in Moria verantwortlich ist. Vergebens. Sie richtete ein Dringlichkeitsgesuch an die Ärzte des Krankenhauses von Mytilini. Genauso vergeblich. Zwar untersuchten die Ärzte den Verwundeten. Doch die Metallsplitter, die im Bein verblieben sind, können nur von einem spezialisierten Chirurgen entfernt werden. Den gibt es an dem Krankenhaus nicht.

Doch so leicht lässt sich Fabiola nicht entmutigen. Sie hat eine Schweizer Freundin, Mathilde, die in der Delegation des Internationalen Komitees vom Roten Kreuz arbeitet. Zusammen machen sie in Athen einen orthopädischen Chirurgen ausfindig und erhalten eine vorübergehende Reiseerlaubnis für Sohrab. Der Orthopäde erklärt sich bereit, den Verwundeten zu operieren. Kostenpunkt: 4000 Euro. Fabiola und Mathilde stellen eine Liste ihrer Freunde in Europa auf. Sie bekommen die Summe zusammen.

Während ich diese Zeilen schreibe, erhält meine Frau

Erica eine Nachricht von Mathilde.[37] Die Operation ist geglückt, Sohrabs Bein vor der Amputation gerettet. Nach einer Rehabilitation von vier Monaten, die gleichfalls aus den Spenden finanziert wird, ist Sohrab gezwungen, wieder nach Moria zurückzukehren.

Letztes Beispiel für die Solidarität: Die Anwältinnen und Anwälte des Kollektivs *Refugee Support Aegean* haben das Martyrium des jungen Syrers Humama (Name geändert) dokumentiert. Ein Schicksal, das beispielhaft für Tausende andere steht.

Humama erzählt: »Ich habe nur wenige Erinnerungen an mein Leben vor dem Krieg. Ich erinnere mich nur an meine Schule in Homs, die seit Kriegsbeginn geschlossen war.« Damals war Humama 13. Das Kind musste fast täglich miterleben, wie die Stadt bombardiert wurde und wie Nachbarn von der Geheimpolizei Baschar al-Assads umgebracht oder verhaftet wurden.

Ein Ereignis ist ihm ganz besonders im Gedächtnis geblieben. Er berichtet: »Eines Morgens im März 2017 kamen Nachbarn und berichteten uns vom Tod meiner Großeltern. Mein Großvater war im Morgengrauen aufgestanden, um zum Beten in die Moschee zu gehen. Ein Scharfschütze der Regierungsarmee tötete ihn vom Dach eines benachbarten Hauses mit einem Kopfschuss. Be-

---

37 Mathilde Weibel, Pièges à rêves: »Voir Mytilène et mourir«, Irida Graphic Arts Ltd, 2019, 2017 als Blog auf Mediapart erschienen; und »Place des Fêtes. Journal d'un exil parisien«, Lormont 2018; dort geht es um Flüchtlinge, die in Paris Häuser besetzen.

unruhigt von dem Lärm, lief meine Großmutter auf die Straße. Der Sniper hat auch sie erschossen. Stundenlang lagen die beiden Leichen dort nebeneinander. Niemand wagte, sich zu nähern. Später haben die Nachbarn uns die beiden gebracht.«

Als junger Heranwachsender wurde Humama gezwungen, als Bote und Träger für eine Gruppe von Milizionären zu arbeiten, an deren Identität er sich nicht mehr erinnert. Er wurde misshandelt und geschlagen.

Sein Vater, ein kleiner Bauunternehmer, damals schon Witwer, erlitt einen Herzinfarkt. Im September 2016 wurde das Haus der Familie von einem russischen Bomber zerstört. Zum Glück war das Haus zu diesem Zeitpunkt leer. Niemand wurde getötet. Doch im Jahr darauf beschlossen Humama und sein kranker Vater zu fliehen.

Neun Monate lang versuchten sie, mithilfe verschiedener Schleuser über die Grenze zwischen Syrien und der Türkei zu gelangen. Dreimal wurden sie von türkischen Grenzsoldaten beschossen. Schließlich gelang es ihnen, auf türkisches Gebiet zu gelangen, aber sie wurden kurz darauf festgenommen und in einem Polizeikommissariat inhaftiert.

Humama berichtet: »Um uns zu demütigen, zwangen uns die Polizisten, die Toiletten des Kommissariats mit bloßen Händen zu säubern. Als mein Vater sich weigerte, einen Befehl auszuführen, traktierten sie ihn mit einem elektrischen Schlagstock. Auf dem Kommissariat waren unsere Hände – wenn wir nicht arbeiteten – mit Kabelbindern gefesselt. Ich habe gesehen, dass man auch Kleinkindern die Hände auf diese Weise zusammenband.«

Nach drei Monaten wurden Humama und sein Vater schließlich gegen Lösegeld von den türkischen Polizisten freigelassen. Daraufhin sind sie nach Izmir gereist. Mit dem letzten Geld gelang es ihnen, zwei Plätze auf einem Schlauchboot nach Lesbos zu ergattern.

In Moria stuften die polnischen, bulgarischen, belgischen, schwedischen und österreichischen Beamten der EASO (*European Asylum Support Office* – Europäisches Unterstützungsbüro für Asylfragen) Humamas Bericht über die Misshandlungen, die sein Vater und er von türkischen Polizisten erlitten hatten (die Spuren trugen sie noch an Handgelenken, Rücken und Beinen) als »glaubhaft« ein. Dagegen zeigten die europäischen Beamten kein Interesse an seinen Erlebnissen in Syrien – und damit an den Gründen seiner Flucht. Diese europäischen Beamten und in der Folge die griechischen Beamten der RAO (*Lesbos Regional Asylum Office* – Regionalbüro Lesbos für Asylfragen) haben also das Asylbegehren des Jugendlichen abgelehnt. Daraufhin kam er in das Hochsicherheitsgefängnis, das mitten im Lager Moria steht. Dort sind die Flüchtlinge untergebracht, die ausgewiesen und *manu militari* in die Türkei zurückgebracht werden sollen.

Hier verbrachte Humama vier Monate in fast vollständiger Isolation.

Nach den absurden Verfahrensregeln des EASO wurde die Akte des Vaters gesondert geprüft – eine Vorgehensweise, die häufig zur Trennung von Familien führt, weil einige Familienmitglieder die Erlaubnis bekommen, einen

Asylantrag zu stellen, während für andere der sofortige Befehl zur Abschiebung ergeht.

Im vorliegenden Fall kann das EASO beim Vater zwar zu derselben Ablehnung im Hinblick auf ein Asylgesuch wie beim Sohn, gewährte aber einen zeitlichen Aufschub. Dass er also nicht sofort im »Gefängnis des Gefängnisses« in der Mitte des Lagers eingekerkert wurde, verdankte der Vater dem Recht auf eine ärztliche Untersuchung. Im Dezember 2018 erkannte das EASO seinen Status als »schutzbedürftige Person« an und gewährte ihm das Recht, einen Asylantrag zu stellen.

Bei dem Jugendlichen hingegen kam es angesichts der Isolierung in der Zelle zu einer rapiden Verschlechterung seines seelisch-geistigen Zustands.

Als die Anwälte des Kollektivs *Refugee Support Aegean* von Humamas Leidensgeschichte erfuhren, waren sie empört und legten Beschwerde gegen die unmenschliche Behandlung des Jungen ein. Schließlich ordnete die griechische Behörde an, ihn in eine psychiatrische Klinik auf dem Festland zu verlegen und einer »Zwangsbehandlung« zu unterziehen.

Während ich diese Zeilen schreibe, ist das Schicksal von Humama und seinem Vater noch immer ungewiss.

XIII

Fünf Jahre lang war Cécile Ducourtieux eine profilierte Brüsseler Korrespondentin der Zeitung *Le Monde*. Als sie Belgien verließ, um ihren Korrespondentenposten in London anzutreten, wurde sie von ihrer Redaktion gefragt, welche Eindrücke ihr aus der Brüsseler Zeit besonders im Gedächtnis geblieben seien. Hier ihre Antwort:

»Der Gipfel hatte am Vortag begonnen (18. März 2016). Das Ganze spielte sich zwischen 2.00 Uhr und 7.00 Uhr morgens ab. Die 28 hatten sich mit den türkischen Vertretern darauf verständigt, dass die Balkanroute für Flüchtlinge gesperrt würde. Auf der Pressekonferenz (im Morgengrauen des 19. März) machte der Ministerpräsident Ahmed Davutoglu ein paar zugespitzte Bemerkungen, die die Atmosphäre weiter aufluden. Das ist jetzt drei Jahre her, aber ich erinnere mich noch lebhaft an das bedrückende Gefühl dieser Nacht… den Eindruck, einen sehr beschämenden Moment zu erleben, eine moralische Niederlage der Union.«

Was geschah in dieser Nacht vom 18. auf den 19. März 2016 in dem riesigen Saal des EU-Sitzes mit seiner futuristischen Einrichtung und seinem fahlen Licht? In Deutschland drohte Angela Merkels großherzige Willkommenspolitik – die Integration von mehr als 1,5 Millionen Flüchtlingen – zu scheitern. In mehreren Bundesländern hatte die Alternative für Deutschland (AfD), eine rassistische und fremdenfeindliche Partei der Rechten, rasante Wahlerfolge erzielt. Vom Ministerpräsidenten der Niederlande unterstützt, hatte Merkel offenbar in aller Stille den Entwurf eines Abkommens ausgearbeitet, der die anderen Delegationen in Brüssel kalt erwischte.

Nach diesem Entwurf sollte die Türkei sich verpflichten, seine Grenzkontrollen zu verstärken, und ausnahmslos alle Asylbewerber wieder aufzunehmen, die aus Griechenland zurückgeschickt wurden. Im Gegenzug würde Ankara bis 2018 sechs Milliarden Euro erhalten. Die EU sagte zu, für jeden Asylsuchenden, der von Europa in die Türkei überstellt würde, einen syrischen Flüchtling aufzunehmen, der sich legal in der Türkei befand. Die Verhandlungen mit der Türkei über ihren EU-Beitritt sollten wiederaufgenommen werden. Außerdem sollten die Bestimmungen für Visavergaben an türkische Staatsbürger überarbeitet und erleichtert werden.

Dieses Abkommen, den anderen Ländern von der deutschen Kanzlerin in einem Überraschungscoup abgerungen, hat in der internationalen, vor allem europäischen Zivilgesellschaft ein vernichtendes Echo gefunden. *Pro Asyl* bezeichnete es als »reinen Wahnsinn«. Die *Ärzte ohne Grenzen*, die bis zu diesem Abkommen eine Klinik in Moria betrieben hatten und nicht damit einverstanden waren, dass das Abkommen jedem Bewerber, der nicht Syrer war, das Asylrecht absprach, verließen das Lager und richteten eine Krankenstation am Fuß des Hügels ein, außerhalb der Lagermauern.

Besonders groß war die Empörung in Frankreich. Trotzdem äußerte sich François Hollande, der Präsident der Republik, der beim Gipfel vom 18./19. März 2016 anwesend war, mit keinem Wort, sondern begnügte sich damit, die Entscheidung von Angela Merkel passiv hinzunehmen.

Libération räumte Jean Quatremer volle vier Seiten ein, auf denen er die Entstehung des Abkommens analysierte. Sein Urteil ist vernichtend: »Für die Achtundzwanzig ist das Asylrecht tot.«[38] In seinem Leitartikel schreibt Laurent Joffrin: »Wie befremdend das Schweigen Frankreichs bei dieser schmerzlichen Entscheidung über das Schicksal der Flüchtlinge aus dem Mittleren Osten. Die Heimat der Menschenrechte hält sich vornehm zurück und überlässt der deutschen Kanzlerin die Ausarbeitung eines Abkommens, das nach Meinung vieler Beobachter auf eine substanzielle Entleerung des Asylrechts hinausläuft, allen feierlichen Völkerrechtsabkommen zum Trotz.«[39]

Schon bald drohte das Abkommen zwischen der EU und der Türkei zu scheitern.

Die Flüchtlinge strömten auch weiterhin auf die Inseln im Ägäischen Meer, wenn auch in geringerer Zahl als 2016. Ein Beispiel: An einem einzigen Tag, dem 30. August 2019, landeten 502 Flüchtlinge, die zwölf verschiedenen Natio-

---

[38] *Libération*, 19./20. März 2016.
[39] A. a. O.

nalitäten angehörten – darunter 183 Kinder – an der Küste von Lesbos. Die zunehmend autoritäre Entwicklung des Erdogan-Regimes sorgte dafür, dass es für türkische Bürger nicht wesentlich leichter wurde, europäische Visa zu bekommen, und dass auch die Verhandlungen über den türkischen EU-Beitritt nicht von der Stelle kamen. Die sechs Milliarden Euro, die die EU der Regierung in Ankara bewilligt hatte, dienten nicht etwa dazu, den syrischen Flüchtlingen einen leichteren Zugang zur Türkei zu verschaffen, sondern unter anderem dafür, eine Grenzmauer von 750 Kilometern Länge zwischen dem Nordwesten Syriens und der Türkei zu errichten.

Eine der gefährlichsten Folgen des Merkel/Erdogan-Abkommens war der Machtzuwachs im Inneren der Hotspots für jene europäische Institution, von der hier schon mehrfach die Rede war – das EASO (*European Asylum Support Office* – Europäisches Unterstützungsbüro für Asylfragen).

Zur Erinnerung:

EASO wurde 2010 gegründet. Sein Hauptsitz befindet sich auf Malta. Die Mitarbeiter kommen aus den 28 Mitgliedstaaten der EU. Seine Aufgabe: den nationalen Behörden dabei zu helfen, die Asylgesuche schneller zu bearbeiten. Tatsächlich sind die Beamten – Frauen und Männer – der EASO praktisch allmächtig. Sie führen die ersten Verhöre der Bewerber durch und legen die Akten an.

Auf dem Papier lässt das EASO die Souveränität des griechischen Staates (wie die des italienischen Staates) unangetastet. Nicht die EASO entscheidet über das Asylgesuch: Dieses Vorrecht besitzen nur das regionale griechische Asylbüro, das Berufungsgericht in Athen und die zwölf Richter des Staatsrates, der höchsten juristischen Instanz in Griechenland. Aber das EASO legt die Akte an. Die zuständigen griechischen Behörden haben überhaupt keinen Kontakt mit den Asylbewerbern (oder nur sehr selten).

Die Arbeit des EASO wird von vielen Seiten heftig kritisiert. Dem *European Center for Constitutional and Human Rights* (ECCHR) in Berlin gehören hervorragende internationale Juristen an. 2017 hat diese NGO bei der Bürgerbeauftragten Emily O'Reilly eine Klage eingereicht, das heißt bei der Ombudsfrau der EU, die für Beschwerden über Unregelmäßigkeiten der EASO zuständig ist. Die Berliner Juristen haben zwei eingehend dokumentierte Klagen eingebracht.

Die erste: Die EASO-Beamten aus Malta, Frankreich, Belgien, Bulgarien, Schweden etc. nähmen sich im Durchschnitt nicht mehr als 15 Minuten Zeit für die Befragung der Asylbewerber. Doch die oft tragischen Schicksale der Bewerber verlangten, um richtig formuliert und verstanden zu werden, eine weit längere Untersuchung. Hinzu komme, dass die berufliche Qualifikation der vom EASO eingesetzten Dolmetscher häufig mangelhaft sei. Aus Gründen der Kostenersparnis rekrutiere das EASO die Dolmetscher häufig aus den Reihen der Flüchtlinge selbst.

Die zweite Beschwerde betrifft die unerträglich lange

Wartezeit, die die Bewerber hinnehmen müssen, bis das Datum des ersten Gesprächs festgelegt ist. Ich habe selbst mehrere Familien von Asylbewerbern getroffen, die seit mehr als eineinhalb Jahren auf ihre erste Vorladung warteten. Und das unter den unzumutbaren Ernährungs- und Hygienebedingungen, die ich beschrieben habe.

Der oben erwähnte Arzt aus Jarmuk, der in Paris studiert hat, kam mit seiner Familie im Februar 2019 nach Moria. Er hat einen Vorladung für ... Juni 2020. Nach Auffassung der Berliner Juristen kommt eine solche Verzögerung einer Rechtsverweigerung gleich.

2017 haben die Berliner Juristen ihre Klage in Brüssel eingereicht. In der im April 2019 eingegangenen Antwort räumt die Delegierte der EU ein, dass es »große zeitliche Lücken« in der Abwicklung der Befragung gebe. Trotzdem werde es keine europäische Untersuchung geben, da die Lösung des Problems allein den griechischen Stellen obliege.

Im Juni 2018 hat die Fraktion der Grünen im Europaparlament einen detaillierten Bericht über die Vorgänge in den Hotspots veröffentlicht – in dem sie ausdrücklich auf die Methoden des EASO auf Lesbos, Samos, Chios, Leros und Kos einging. Die Autorinnen sind Yiota Masouridou und Evi Kyprioti.[40] Sie haben die Behandlung von 40 Asylersuchen in den fünf Hotspots minutiös dokumentiert.

---

[40] *The EU-Turkey Statement and the Greek Hot spots, a Failed European Pilot Project in Refugee Policy*, Vorwort von Eva Joly, Brüssel 2018.

Das Ergebnis: In 30 Fällen wurde das Grundrecht auf Asylgesuch durch Verfahrenshindernisse verletzt, die auf das Konto der EASO-Beamten gingen. Doch für die Grünen liegt das Problem tiefer. Nach ihrer Meinung dürfen die souveränen Staaten ihre Zuständigkeit niemals an europäische Agenturen delegieren. Die nationalen Behörden müssen die alleinige Verantwortung dafür haben, dass der Rechtsanspruch auf Asyl in jeder Etappe der Antragsprüfung berücksichtigt wird. Im Übrigen vertreten die Grünen-Parlamentarier, wie fast alle NGOs (*Amnesty International*, *Pro Asyl*, *medico international*, *Human Rights Watch* etc.), die Auffassung, die Türkei sei kein »sicheres Land« oder »Erstasylland«. Deshalb dürfe kein Asylbewerber dorthin geschickt werden.

2019 hat die Türkei 3,6 Millionen Syrer aufgenommen. Sie gewährte ihnen kein Asyl im eigentlichen Sinne, sondern einen zeitlich begrenzten Schutz. Regelmäßig schickt sie Flüchtlinge nach Syrien zurück.[41] Im Übrigen schützt sie ihr Hoheitsgebiet, wie gesagt, durch eine Mauer von 750 Kilometern Länge, die mit selbstauslösenden Maschinengewehren bestückt ist. Laut Michelle Bachelet, seit 2018 UN-Hochkommissarin für Menschenrechte, werden die Menschenrechte von der Regierung Erdogan nicht »in befriedigender Weise« geschützt.[42] Ein Euphemismus.

---

41 Benjamin Barthe und Marie Jégo, »À Istanbul, la chasse aux sans-papiers syriens«, *Le Monde*, 2. August 2019.

42 Vgl. ihre Rede auf der 41. Sitzung des UN-Menschenrechtsrates, Juni 2019.

XIV

Die Vereinten Nationen lieben Gedenkfeiern. 2019 ist der
30. Jahrestag der Internationalen Konvention über die
Rechte des Kindes. Im Hochkommissariat für Menschenrechte im Genfer Palais Wilson am Ufer des Sees sind
prunkvolle Feierlichkeiten vorgesehen. Mit solchen pom-
pösen Selbstbeweihräucherungen möchte die UNO ihre
eigene Ohnmacht verschleiern. Diese Konvention, die zum
besonderen Schutz von Kinderrechten ins Leben gerufen
wurde – wobei ein Mensch von unter 18 Jahren als Kind
gilt – ist eine zivilisatorische Errungenschaft, die es verdient,
verteidigt zu werden. Praktisch alle Staaten der Erde haben
sie unterzeichnet und ratifiziert – bis auf die Vereinigten
Staaten. In einigen Bundesstaaten der USA ist nämlich die
Hinrichtung von Straftätern unter 18 Jahren erlaubt, was
Washington die Anerkennung der Konvention verbietet.

Ein Komitee von 18 internationalen Experten überprüft
die Befolgung der Konvention. Jeder Signatarstaat erstellt
alle fünf Jahre einen Bericht über die Maßnahmen, die
er zum Schutz der Kinderrechte ergriffen hat. Viele Jahre
lang war Jean Zermatten, Jugendrichter im Kanton Wallis
(Schweiz), Vorsitzender des Komitees. Er hat dort Bemer-
kenswertes geleistet.

Betrachten wir die Präambel und die wichtigsten Artikel:

Die Vertragsstaaten dieses Übereinkommens –

in der Erkenntnis, dass das Kind zur vollen und harmonischen Entfaltung seiner Persönlichkeit umgeben von Glück, Liebe und Verständnis aufwachsen sollte,

in der Erwägung, dass das Kind umfassend auf ein individuelles Leben in der Gesellschaft vorbereitet und im Geist der in der Charta der Vereinten Nationen verkündeten Ideale und insbesondere im Geist des Friedens, der Würde, der Toleranz, der Freiheit, der Gleichheit und der Solidarität erzogen werden sollte,
[…]
eingedenk dessen, dass, wie in der Erklärung der Rechte des Kindes ausgeführt ist, »das Kind wegen seiner mangelnden körperlichen und geistigen Reife besonderen Schutzes und besonderer Fürsorge, insbesondere eines angemessenen rechtlichen Schutzes vor und nach der Geburt, bedarf«
[…]
haben Folgendes vereinbart:

Artikel 1
Im Sinne dieses Übereinkommens ist ein Kind jeder Mensch, der das achtzehnte Lebensjahr noch nicht vollendet hat, soweit die Volljährigkeit nach dem auf das Kind anzuwendenden Recht nicht früher eintritt.

Artikel 2

(1) Die Vertragsstaaten achten die in diesem Übereinkommen festgelegten Rechte und gewährleisten sie jedem ihrer Hoheitsgewalt unterstehenden Kind ohne jede Diskriminierung, unabhängig von der Rasse, der Hautfarbe, dem Geschlecht, der Sprache, der Religion, der politischen oder sonstigen Anschauung, der nationalen, ethnischen oder sozialen Herkunft, des Vermögens, einer Behinderung, der Geburt oder des sonstigen Status des Kindes, seiner Eltern oder seines Vormunds.

[…]

Artikel 3

(1) Bei allen Maßnahmen, die Kinder betreffen, gleichviel ob sie von öffentlichen oder privaten Einrichtungen der sozialen Fürsorge, Gerichten, Verwaltungsbehörden oder Gesetzgebungsorganen getroffen werden, ist das Wohl des Kindes ein Gesichtspunkt, der vorrangig zu berücksichtigen ist.

(2) Die Vertragsstaaten verpflichten sich, dem Kind unter Berücksichtigung der Rechte und Pflichten seiner Eltern, seines Vormunds oder anderer für das Kind gesetzlich verantwortlicher Personen den Schutz und die Fürsorge zu gewährleisten, die zu seinem Wohlergehen notwendig sind; zu diesem Zweck treffen sie alle geeigneten Gesetzgebungs- und Verwaltungsmaßnahmen.

(3) Die Vertragsstaaten stellen sicher, dass die für die Für-

sorge für das Kind oder dessen Schutz verantwortlichen Institutionen, Dienste und Einrichtungen den von den zuständigen Behörden festgelegten Normen entsprechen, insbesondere im Bereich der Sicherheit und der Gesundheit sowie hinsichtlich der Zahl und der fachlichen Eignung des Personals und des Bestehens einer ausreichenden Aufsicht.

Artikel 4

Die Vertragsstaaten treffen alle geeigneten Gesetzgebungs-, Verwaltungs- und sonstigen Maßnahmen zur Verwirklichung der in diesem Übereinkommen anerkannten Rechte. Hinsichtlich der wirtschaftlichen, sozialen und kulturellen Rechte treffen die Vertragsstaaten derartige Maßnahmen unter Ausschöpfung ihrer verfügbaren Mittel und erforderlichenfalls im Rahmen der internationalen Zusammenarbeit.

[...]

Artikel 22

(1) Die Vertragsstaaten treffen geeignete Maßnahmen, um sicherzustellen, dass ein Kind, das die Rechtsstellung eines Flüchtlings begehrt oder nach Maßgabe der anzuwendenden Regeln und Verfahren des Völkerrechts oder des innerstaatlichen Rechts als Flüchtling angesehen wird, angemessenen Schutz und humanitäre Hilfe bei der Wahrnehmung der Rechte erhält, die in diesem Übereinkommen oder in anderen internationalen Übereinkünf-

ten über Menschenrechte oder über humanitäre Fragen, denen die genannten Staaten als Vertragsparteien angehören, festgelegt sind, und zwar unabhängig davon, ob es sich in Begleitung seiner Eltern oder einer anderen Person befindet oder nicht.

(2) Zu diesem Zweck wirken die Vertragsstaaten in der ihnen angemessen erscheinenden Weise bei allen Bemühungen mit, welche die Vereinten Nationen und andere zuständige zwischenstaatliche oder nichtstaatlichen Organisationen, die mit den Vereinten Nationen zusammenarbeiten, unternehmen, um ein solches Kind zu schützen, um ihm zu helfen und um die Eltern oder andere Familienangehörige eines Flüchtlingskinds ausfindig zu machen mit dem Ziel, die für eine Familienzusammenführung notwendigen Informationen zu erlangen. Können die Eltern oder andere Familienangehörige nicht ausfindig gemacht werden, so ist dem Kind im Einklang mit den in diesem Übereinkommen enthaltenen Grundsätzen derselbe Schutz zu gewähren wie jedem anderen Kind, das aus irgendeinem Grund dauernd oder vorübergehend aus seiner familiären Umgebung herausgelöst ist.

2019 sind mehr als 35 Prozent der Flüchtlinge, die in den fünf Hotspots der Ägäis gefangen gehalten werden, Kinder. Egal, ob die Kinder in den offiziellen oder inoffiziellen Lagern untergebracht sind, sie haben keinen Zugang zu Bildungseinrichtungen oder den viel zitierten »kinderfreundlichen Aktivitäten« *(child friendly activities).* In einer Verlautbarung des UN-Hochkommissariats für Flüchtlinge heißt es: »Den Kindern fehlt es an angemessenem Trinkwasser, ausreichender Nahrung, Schulen, Gelegenheiten zum Spielen … Sie erleiden sexuellen Missbrauch und andere Gewalttaten vonseiten Erwachsener, vor allem der Wachen. Die Kinder, mit denen wir gesprochen haben, sind verängstigt, isoliert und schutzbedürftig. Sie fühlen sich wie Gefangene behandelt, gelegentlich wie Kriminelle, statt den Schutz zu genießen, der ihnen zusteht. Der fast vollkommene Mangel an Information in diesen Lagern traumatisiert die Kinder.«[43]

Und etwas weiter: »Das schwere Trauma, das die Mehrheit dieser Kinder erleidet, bedeutet eine Gefahr für ihre seelische Gesundheit und ihre Entwicklung. Die Kinder, die wir getroffen haben, geben an, dass sie seit ihrer Ankunft auf der Insel noch keine psychologische Hilfe erhalten hätten.«[44]

Das Fazit der Berichterstatter des Hochkommissariats lautet: »*Europe is failing these children.*« (»Europa verrät diese Kinder.«)[45]

Besonders tragisch ist das Schicksal der unbegleiteten Minderjährigen.

Woher kommen sie?

---

[43] *Migrant children face grim human rights conditions in Greece*, Genf, UNHCR, 2019.

[44] Ebd.

[45] Ebd.

Die Terrorbombardements der russischen Suchoi-Flugzeuge, das Napalm, die Splitterbomben der syrischen Luftwaffe oder die Saringranaten von Baschar al-Assads Artillerie haben Tausende von Menschen umgebracht oder verstümmelt – und fahren damit unvermindert fort. Zehntausende von Familien werden dezimiert. Minderjährige Waisen begeben sich auf die Flucht. Ganz allein oder zusammen mit anderen Waisen.

Viele Menschen – Syrer, Iraker, Afghanen, Iraner etc. – mit denen ich in Moria gesprochen habe – berichteten häufig von schrecklichen Erlebnissen. In den meisten Fällen war die Flucht ein langes Martyrium: Folter, Erpressung, Plünderung, willkürliche Inhaftierung unter unmenschlichen Bedingungen, verübt von Soldaten, Zöllnern, Polizisten, Mafiosi der Länder, durch die sie kamen; dann die Überquerung des Ägäischen Meeres, wo je nach den jahreszeitlichen Winden Schiffbruch droht. Dieses Martyrium dauert gelegentlich zwei oder drei Jahre. Ganze Familien werden durch solche Schiffsunglücke dezimiert. An Land werden die Mitglieder einer Familie nicht selten durch das Eingreifen der Polizei getrennt. So ist ein Kind plötzlich allein. Es ist von seinen Eltern fortgerissen worden. Sie werden sich wahrscheinlich nie wiedersehen. In den Hotspots der Ägäis wächst die Zahl unbegleiteter Minderjähriger unaufhaltsam an.

Patrice Mansour ist ein zurückhaltender Mann in den Vierzigern mit traurigen Augen. Ursprünglich libanesischer Abstammung, ist er heute schwedischer Staatsbürger. Er arbeitet für die norwegische Flüchtlingshilfe.

Ich treffe ihn unter dem Vordach der Baracke, in der die Internationale Organisation für Migration (IOM) ihre Vertretung hat. Der Regen ist vorbei. Der Boden ist zum Sumpf geworden. Zwei kleine Jungen mit großen schwarzen Augen, mageren Körpern, strahlendem Lächeln spielen mit einer Kugel aus Stofffetzen Fußball. Der erste trägt ein dreckiges, zerrissenes T-Shirt. Die kurze Hose des zweiten starrt vor Schmutz und ist voller Löcher. Sie sind neun oder zehn und haben struppiges schwarzes Haar. Beide spielen mit bloßen Füßen und sind über und über mit Schlamm bespritzt. Aber sie widmen sich ihrem Lieblingssport mit großer Leidenschaft.

Mansour kennt sie gut. Er spricht mit ihnen Arabisch und bringt ihnen manchmal Papier und Buntstifte mit, damit sie unter dem Vordach der Baracke malen und einige Stunden lang ihre Angst vergessen können.

»Was für eine Verschwendung!«, sagt Mansour.

Die syrischen Jungen sind seit zweieinhalb Jahren Gefangene der Mauer und des NATO-Drahts. In Moria gibt es keine Schule (und natürlich auch keinen Kindergarten).

In der Tat, was für eine Verschwendung! Wie viel Zeit ging für die Erziehung dieser beiden Kinder verloren, die so alt sind wie mein Enkel Karim?

Die beiden kleinen Fußballer, die vor der Baracke der IOM spielen, sind unbegleitete Kinder. Der erste ist der einzige Überlebende einer Familie, die in Jarmuk lebte. Die russischen Splitterbomben haben seine Mutter, seinen Vater, seine beiden Schwestern und seinen einzigen Bruder getötet.

Patrice Mansour erzählt: »Der Kleine hat die Ruinen seiner Straße mit anderen Überlebenden verlassen. Die Erwachsenen wurden in der Türkei misshandelt und um den größten Teil ihres Geldes gebracht. Für den Rest haben Schleuser sie in ein Schlauchboot gepfercht. Kurs Lesbos.«

Der zweite Junge sieht älter aus, doch seine Augen zeigen die gleiche Unruhe, er ist mit seiner Mutter aus dem brennenden Ghuta geflüchtet. Sein Vater, ein Bäcker, war schon Jahre vorher vom Geheimdienst der syrischen Luftwaffe verhaftet worden. Sie haben ihn nie wiedergesehen. Der Junge spricht von ihm wie von einem Fremden. Seine Mutter, seine kleine Schwester und sein älterer Bruder sind in einer Sturmnacht in der Meerenge ertrunken.

Ein Fischerboot hat ihn geborgen. Seither ist er allein auf der Welt. Ein unbegleitetes Flüchtlingskind hinter dem NATO-Draht, der in drei Reihen auf der Mauer des Flüchtlingslagers Moria angebracht ist.

Die Flüchtlingskonvention verlangt, dass unbegleitete Kinder getrennt von Erwachsenen schlafen können. Doch in den vom Hochkommissariat zur Verfügung gestellten Großzelten des offiziellen Lagers, in denen mindestens 15 Personen Platz finden, oder in den baufälligen Hütten der »Olivenhaine« werden die unbegleiteten Minderjährigen mit Erwachsenen jeder Art und Herkunft zusammengelegt.

Nachts sind sie ihnen schutzlos ausgeliefert.

Nach Auskunft der *Ärzte ohne Grenzen* werden unbegleitete Minderjährige ohne jeden Schutz oft und wiederholt Opfer sexueller Gewalt.

Nach griechischem Recht fungiert der Staatsanwalt als Vormund unbegleiteter Minderjähriger. Aber François Crépeau, UN-Sonderberichterstatter für die Rechte von Migranten, klagt: »Angesichts der großen Zahl von unbegleiteten Kindern, die auf den Inseln eintreffen, ist der Staatsanwalt nicht in der Lage, wirksame Maßnahmen zum Schutz der Kinderrechte zu ergreifen.«[46]

Seit dem Besuch der Berichterstatter der Abteilung »Migration und Asylrecht« des UN-Hochkommissariats für Menschenrechte und dem des Sonderberichterstatters des Menschenrechtsrates hat sich für die Kinder nichts Grundlegendes verändert. Eine unfassbare Heuchelei der europäischen Regierungen! Während sie sich darauf vorbereiten, den 30. Jahrestag der UN-Konvention für die Rechte des Kindes mit Pomp und Gloria zu feiern, dulden sie das Martyrium der Kinder von Moria, ohne mit der Wimper zu zucken.

---

[46] François Crépeau, Bericht anlässlich der 35. Sitzung des UN-Menschenrechtsrates, Genf, Juni 2017.

XV

Ich bewundere das UN-Hochkommissariat für Flüchtlinge. Zunächst wegen seiner Geschichte, dann für die Maßnahmen, die es gegenwärtig durchführt. Als Sonderberichterstatter der Vereinten Nationen für das Recht auf Nahrung habe ich aus nächster Nähe zahlreiche Maßnahmen verfolgt, die von den Hauptverantwortlichen des HCR ergriffen wurden. Einige von ihnen waren meine Freunde oder sind es immer noch.

Beginnen wir mit einem Wort zur Geschichte.

Das einflussreiche Hochkommissariat wurde 1919 gegründet und ging aus dem Versailler Vertrag und der Charta des Völkerbundes hervor. Ursprünglich hieß es »Hilfszentrum für Flüchtlinge« und war dem Generalsekretariat des Völkerbundes in Genf eingegliedert.

Als die Nazis 1933 in Berlin an die Macht kamen, gehörte Deutschland dem Völkerbund an.[47] Doch kaum Reichskanzler geworden, begann Hitler, Kommunisten, Sozialisten und Juden zu verfolgen. Eines der Bücher, die mich in meiner Jugend am stärksten geprägt haben, ist das Buch *Die Moorsoldaten* des großen kommunistischen

---

47 Deutschland trat dem Völkerbund 1926 bei.

Schauspielers und Regisseurs Wolfgang Langhoff. Doch 1933 wurde Langhoff von einer Bande SS-Leuten aus seinem Theater in Hamburg verschleppt. Seine Spur verlor sich im Lager Börgermoor.

Aber immer noch blieb eine Anzahl von Gesetzen bestehen, die in der Weimarer Republik verabschiedet worden waren, sodass das alte Rechtssystem bis zu einem gewissen Grad seine Gültigkeit behielt. Beispielsweise konnten mehrere Zeitungen Suchmeldungen nach Wolfgang Langhoff veröffentlichen. Dem Hamburger Polizeipräsidenten tat die Familie zwar leid, aber gegen die SS konnte er natürlich nichts ausrichten. In Deutschland verloren die Opfer den Boden unter den Füßen. Nach 13 Monaten wurde Langhoff dann doch aus dem Lager Lichtenburg entlassen, in das er überführt worden war. Augenblicklich begab er sich ins Schweizer Exil nach Zürich, wo er rasch zu einem der beliebtesten Darsteller des Schauspielhauses wurde.[48]

Seit dem Frühjahr 1933 mussten sich zahlreiche gefährdete Deutsche dazu entschließen, ihr Land zu verlassen. Das Hilfszentrum für Flüchtlinge des Völkerbundes half ihnen bei der Flucht und, so gut es ging, bei der Neuordnung ihres Lebens in Europa oder Amerika. Hitler war außer sich vor Wut. Er verlangte vom Völkerbund, dass er die Unterstützung deutscher, vor allem jüdischer

---

[48] *Die Moorsoldaten* erschienen 1935 in der Schweiz, im Schweizer Spiegel Verlag. 1945 ging Langhoff nach Berlin, wo er die Leitung des Deutschen Theaters übernahm.

Flüchtlinge sofort einstelle. Sir Eric Drummond, der junge schottische Sekretär des Völkerbundes, zögerte und schickte in dem Bestreben, den Diktator zu besänftigen, immer neue Emissäre nach Berlin. Vergeblich. Schließlich fand Drummond, der den universellen Charakter des Völkerbundes unbedingt erhalten wollte, doch eine Lösung: Das Hilfszentrum für Flüchtlinge wurde aufgelöst.

60 Kilometer von Genf entfernt, in Lausanne, gründete Drummond eine neue Organisation, die offiziell unabhängig vom Völkerbund war, und nannte sie »Hochkommissariat für Flüchtlinge«. Hitler beruhigte sich eine Zeit lang. Als er aber erfuhr, wie erfolgreich das Hochkommissariat die Flüchtlinge herausschleuste, schützte und ihnen bei der Gründung neuer Existenzen half, kehrte er dem Völkerbund 1936 zornentbrannt den Rücken.

Das UN-Hochkommissariat für Flüchtlinge ist eine mächtige und extrem wirksame Organisation.[49] Noch einmal zur Erinnerung: Fast 60 Millionen Kinder, Frauen und Männer, darunter 25 Millionen Gewaltflüchtlinge, sind heute auf der Suche nach internationalem Schutz.

Die Organisation verfügt über 9300 Mitarbeiter und Mitarbeiterinnen. Ihr normales Budget beträgt mehr als 6,2 Milliarden Euro, aber die Ausgaben sind von den Einnahmen nicht ganz gedeckt, daher leidet das HCR an permanenter Unterfinanzierung. Außerdem verringern die Staaten (vor allem die westlichen Staaten), sich auf die Wirtschaftskrise berufend, regelmäßig ihre Beiträge…

---

49 Das HCR wurde 1945 in die UNO eingegliedert.

Das Hochkommissariat unterhält auf allen fünf Kontinenten logistische Stützpunkte. Bei einem größeren Andrang von Flüchtlingen beträgt seine Reaktionszeit 48 Stunden. In einem sehr kurzen Zeitraum werden die ersten Latrinen ausgehoben, die ersten Zeltstädte errichtet, die ersten Zisternen und Wasserleitungen installiert und die ersten medizinischen Notfallzentren eingerichtet.

Das HCR profitiert von einer dauernden Abmachung mit dem Welternährungsprogramm (WFP), ebenfalls ein Programm von großer Effizienz, das mit einer Luftflotte und leistungsfähigen Lastwagen ausgestattet ist. Täglich versorgt das WFP die 450 000 Flüchtlinge des Lagers in Dahab (größtenteils Somalier), im nördlichen Trockengebiet Kenias, und die 300 000 verfolgten Masalit, Fur und Zaghawa in Nyala, Darfur, Opfer der Unterdrückung durch die sudanesische Armee und ihre Helfershelfer, die Dschandschawid.

Auf diese Weise haben während der letzten Jahre die Männer und Frauen des HCR, die meist von außergewöhnlicher Energie und Entschlossenheit beseelt sind, von ihrem Hauptsitz in der Avenue de France in Genf die Nothilfe für die Opfer menschlichen Wahnsinns organisiert.

Von 2005 bis 2015 übte António Guterres, von Kofi Annan ernannt, das Amt des Hochkommissars aus. Davor wurde die Organisation von Sadako Ogata, einer zierlichen Japanerin mit eisernem Willen, geleitet.

Sadako Ogata hatte zwei äußerst bemerkenswerte Stellvertreter: den Tunesier Kamel Morjane und den Brasilianer

Sergio Vieira de Mello. Mit beiden Männern verband – und verbindet mich auf immer – eine freundschaftliche und solidarische Beziehung.

Flüchtlinge aufzunehmen, zu ernähren, zu pflegen, zu schützen, ist eine Sache, sie unter erträglichen Bedingungen in ihre Heimat zurückzuführen, wenn der Krieg beendet und ein normales Leben dort wieder möglich ist, eine ganz andere.

1992 hat Sergio Vieira de Mello die Rückkehr von mehreren Hunderttausend kambodschanischen Flüchtlingen aus Lagern im Norden von Thailand in ihre Heimatregion organisiert, die von den Roten Khmer verwüstet worden war. Kamel Morjane hat für die Rückführung von Hunderttausenden Kongolesen und Ruandern gesorgt.

Man kann sich kaum vorstellen, welches Maß an Geduld und diplomatischem Geschick eine solche Repatriierung in Konfliktfolgezeiten, wenn Hass und Rachsucht noch virulent sind, den Akteuren abverlangt.

Sergio Vieira de Mello ist tragisch ums Leben gekommen. Nachdem die Vereinigten Staaten im März 2003 den Irak gegen den Willen des Sicherheitsrates zunächst bombardiert und dann besetzt hatten, war das Tischtuch zwischen Präsident George W. Bush und der UNO zerschnitten, was Schlimmes für die Organisation verhieß. Kofi Annan wandte sich daraufhin an seinen engsten Freund Vieira de Mello, den er zum Hochkommissar für Menschenrechte ernannt hatte, und übertrug ihm eine Sondermission: Er sollte sich nach Bagdad begeben und dort – in unmittelbarer Nähe der Besatzungstruppen – eine unabhängige UNO-Niederlassung eröffnen. Sergio schlug sein Bagdader Hauptquartier im Hotel *Canal* auf.

Am Dienstag, dem 19. August 2003, um 16.30 Uhr zerstörte der bis zum Rand mit Sprengstoff beladene Lastwagen eines Dschihadisten fast das ganze Hotel. 21 Mitarbeiter und Mitarbeiterinnen von Sergio starben bei dem Attentat.

Die amerikanischen Bulldozer und Schwerlastkräne waren alle andernorts eingesetzt. Sergio selbst starb einen schrecklichen Tod – stundenlang war er zwischen den Betonträgern des eingestürzten Gebäudes eingeklemmt.

Er hatte 34 Jahre im Dienst der UNO gestanden.

Der gegenwärtige Hochkommissar Filippo Grandi ist aus dem gleichen Holz geschnitzt wie all die Männer und Frauen, die ihm vorausgegangen sind, obwohl er einen ganz anderen Lebenslauf hat. Grandi kommt nicht aus dem diplomatischen Dienst oder der höheren Verwaltung. Gleich nach seinem Philosophie- und Geschichtsstudium an der Universität Mailand ist er für eine katholische Flüchtlingshilfsorganisation in die thailändischen Lager gereist. Seither hat er sich um den Schutz von Flüchtlingen im Sudan, im Kongo, im Irak und in Syrien gekümmert. In Afghanistan war er für die wohl konsequenteste Repatriierung der Geschichte verantwortlich.

2014 hat er die UNRWA *(United Nations Relief and Works Agency)* geleitet, die sich, wie gesagt, um 5,5 Millionen Palästinenser kümmert – die Nachkommen der von Israel verjagten und von ihrer Heimat ferngehaltenen Flüchtlinge.

Juli 2019: Adama Dieng, Sonderdelegierter des Generalsekretärs der UNO für die Verhinderung von Völkermorden, ist auf der Durchreise in Genf. Er sagt zu mir: »Weißt du, als Hochkommissar für Flüchtlinge hatte António mehr Macht, er war einflussreicher und freier als jetzt, wo er Generalsekretär der UNO ist.« Adama hat wahrscheinlich recht. Als Generalsekretär der Vereinten Nationen hat Guterres viel strengere Vorgaben. Jeden Mittwoch trifft er sich mit den Botschafterinnen und Botschaftern der fünf Staaten, die einen ständigen Sitz im Sicherheitsrat haben, im Restaurant der Delegierten, im Wolkenkratzer des Hauptquartiers am Ufer des East River in New York zum Mittagessen. Jeder dieser Staaten kann ein Veto gegen die Initiativen des Generalsekretärs einlegen. Bei diesen Treffen werden die von António Guterres gemachten Vorschläge angenommen oder verworfen.

Nichts dergleichen trifft auf den Hochkommissar für Flüchtlinge zu. Seine Unabhängigkeit ist fast absolut, sein Prestige unbestritten, seine Entscheidungs- und Handlungsfreiheit nahezu unbegrenzt.

Das ist der Grund, warum seine Abwesenheit in Moria und auf den anderen Hotspots für mich vollkommen unbegreiflich ist.

Wie lässt sich das erklären? Es gibt verschiedene mögliche Antworten (aber keine Entschuldigung). Der Hochkommissar muss eine gigantische Aufgabe mit begrenzten Mitteln bewältigen. Ich wiederhole: Rechnet man Gewaltflüchtlinge, Binnenflüchtlinge und Migranten anderer Kategorien zusammen, sind fast 60 Millionen Menschen auf den Straßen oder den Meeren unseres Planeten unterwegs.

Im Übrigen handelt der Hochkommissar gemäß dem Subsidiaritätsprinzip – was immer von einem Mitgliedstaat der UNO geleistet werden kann, entzieht sich der Kompetenz des Hochkommissariats. Deshalb sind heute nur Abkommen über punktuelle Zusammenarbeit zwischen der Europaabteilung des Hochkommissariats und Athen in Kraft. Doch das Subsidiaritätsprinzip kann nicht in Anspruch genommen werden, wenn die Staaten, an die der Hochkommissar seine Kompetenzen delegiert, gegen elementare Normen des Völkerrechts so offensichtlich verstoßen.

Um an die Forderungen der UNO zu erinnern, um der Konvention von 1951 über die Rechtsstellung der Flüchtlinge wieder Geltung zu verschaffen, kurzum, um die Gräuel der Hotspots in der Ägäis und anderswo zu beenden, müsste Filippo Grandi, der humanitäre Aktivist und linke Katholik, die tauben und blinden Beamten in Brüssel umgehend und mit aller Dringlichkeit zur Rede stellen.

Doch das tut er nicht.

Ich halte seine Verweigerung für unverzeihlich.

XVI

Das griechische Gesetz kennt den Begriff der »besonders schutzbedürftigen Person«. Eine schutzbedürftige Person hat definitionsgemäß ein Anrecht auf Bearbeitung ihres Asylantrags. Es kann keine sofortige Zurückweisung erfolgen.

Als besonders schutzbedürftig gelten:

- Flüchtlingskinder ohne Begleiter,
- Personen, die nachweisen können, dass sie in ihrem Herkunftsland und/oder während ihrer Flucht gefoltert worden sind,
- Schwangere,
- Personen, die an schweren Krankheiten leiden,
- Opfer von Gewalt in ihrem Herkunftsland und/oder während ihrer Flucht,
- Überlebende von Schiffbrüchen.

Die griechischen Anwälte vom Kollektiv *Refugee Support Aegean*, die Juristen des Europäischen Zentrums für Verfassungs- und Menschenrechte in Berlin, aber auch die amerikanische Rechtsanwältin Ariel Ricker, Gründerin des Kollektivs *Advocates Abroad*[50], werfen den Beamten des EASO vor, dass sie häufig – absichtlich oder aus Nachlässigkeit – vergessen, die Flüchtlinge zu fragen, ob Gründe für ihre Einstufung als besonders schutzbedürftig vorliegen. Was den EASO-Leuten erlaubt, den Asylbewerbern den Schutz vorzuenthalten, der ihnen aufgrund ihres Status zustünde.

In dem *Diskurs über den Ursprung und die Grundlagen der Ungleichheit unter den Menschen* schrieb Jean-Jacques Rousseau 1755: »Nun ist in den Beziehungen zwischen Mensch und Mensch das Schlimmste, was dem einen widerfahren kann, sich dem Belieben des anderen ausgeliefert zu sehen.«[51]

Erinnern wir uns an das Prozedere. Die europäischen Beamten des EASO führen das erste Verhör des Flüchtlings durch (offizielle Bezeichnung: »persönliche Anhörung«). Sie prüfen, ob er das Recht hat, einen Asylantrag zu stellen. Wenn das der Fall ist, wird die – von dem EASO gefertigte Akte – an die griechischen Behörden weitergegeben. Diese entscheiden in erster Instanz, ob Asyl gewährt wird oder nicht. Berufungen am Appellationsgericht in Athen und am Areopag, dem Obersten Gerichtshof, sind möglich. 2010 als Kooperation- und Hilfsinstanz zur Entlastung der überforderten nationalen Behörden ge-

---

[50] Vgl. Anina Ritscher, »Asylanwältin auf Lesbos. Juristische Fachkenntnis als Waffe«, in: *Wochen Zeitung* (Zürich), 16. November 2017.

[51] Jean-Jacques Rousseau, *Diskurs über die Ungleichheit*. Hrsg. u. übers. von Heinrich Meier. Paderborn: Schöningh 2019. S. 229

gründet, beteuert das EASO, die staatliche Souveränität (hier in Griechenland) völlig unangetastet zu lassen. Das Büro nimmt die Erstregistrierung vor, gibt die Akte über das Verhör, versehen mit seinen Empfehlungen, an die griechische Behörde weiter. Die nationale Behörde entscheidet auf der Grundlage dieser Akte.

Aber die Beamten der EASO arbeiten – infolge ihrer zu geringen Zahl – in dem geschilderten Schneckentempo.

Nun haben die Griechen eine spezielle Institution geschaffen, den Ombudsmann für Flüchtlinge, an den sich die Aktivisten und Aktivistinnen der internationalen NGOs in besonders empörenden Fällen wenden können.

Ein Beispiel: Die Gründerin der *Advocates Abroad*, die amerikanische Rechtsanwältin Ariel Ricker, entdeckte in einem Polizeirevier des Hotspots auf der Insel Samos einen Jugendlichen von 15 Jahren, der an einen Stuhl gefesselt war. Er war von den griechischen Polizisten brutal geschlagen worden, hatte gebrochene Rippen und eine offene Wunde am Bauch. Seit vier Nächten und drei Tagen befand er sich in dieser Lage. Als Ariel Ricker ihn fand, stöhnte er vor Schmerzen und Durst. Daraufhin wandte sie sich an den Ombudsmann. Dieser kam auf die Insel Samos, verlangte die Freilassung des Jungen und ließ ihn in ein Krankenhaus auf dem Festland bringen.[52]

Caroline Willemen ist eine junge Belgierin mit strahlenden Augen und unerschütterlichen Überzeugungen. Sie

---

[52] Bericht von Ariel Ricker an Valeria Hänsel, *op. cit.*, März 2017.

leitet die Mission, die die *Ärzte ohne Grenzen* am Fuß des Hügels Moria eingerichtet haben, außerhalb der abschreckenden Mauern des offiziellen Lagers. Die weißen Zelte und Baracken der Mission stehen direkt gegenüber dem großen Eisentor mit den bewaffneten Polizisten, die den Eingang der Festung bewachen. In Begleitung von Ihab Abassi, ihrem Stellvertreter, empfängt sie uns in dem weißen Container, der ihr als Büro dient.

Ich erinnere mich an Jean-Jacques Rousseau, der gesagt hat, »daß die Menschen mit all ihrer Moral nie etwas anderes als Ungeheuer gewesen wären, wenn die Natur ihnen nicht das Mitleid zur Stütze der Vernunft gegeben hätte«.[53]

Caroline Willemen umgibt eine Aura von Mitleiden und Vernunft. Sie liefert uns eine einfühlsame, kluge Analyse der verheerenden Einflüsse, denen die Gefangenen des Lagers ausgesetzt sind. Die meisten Flüchtlinge sind verzweifelt. Das lange Warten, die Haftbedingungen, die vollkommen ungewisse Zukunft, die Ohnmacht gegenüber dem EASO traumatisiert sie. Dieses Trauma verstärkt das Leid, das sie in ihren Herkunftsländern – unter den Bomben und in den Folterkammern – erdulden mussten. In vielen Fällen kommt das Martyrium hinzu, das sie während der Flucht erlitten haben.

Eine sehr seltene Initiative: *Ärzte ohne Grenzen* hat hier

---

[53] Jean-Jacques Rousseau, *op. cit.,* S. 147

eine Mission eingerichtet, die in erster Linie der psychiatrischen Behandlung von Flüchtlingen dient, unter besonderer Berücksichtigung traumatisierter Kinder. In unmittelbarer Nähe des Raums, in dem wir uns unterhalten, entdecke ich die Baracke, in der sich das Wartezimmer befindet. Der Raum ist voll. An der offenen Tür warten Familienväter und Jugendliche.

Häufig sind die Körper der jungen Menschen mit Narben bedeckt. Meist handelt es sich um Selbstverstümmelungen. Mit Messern schneiden sich die Jugendlichen in ihre Unterarme und Waden. Wie sind diese Handlungen zu deuten? Caroline: »Das ist die Verzweiflung. Sie fühlen sich von allen im Stich gelassen, isoliert. Die Selbstverstümmelung ist wie ein Hilfeschrei.«

Meine Gedanken wandern 30 Jahre zurück zu diesen Nächten im brasilianischen Recife, in denen ich kleine Mädchen von zehn, vierzehn Jahren sah, deren Arme, Wangen und Beine mit Narben bedeckt waren. Dom Helder Câmara, Erzbischof von Olinda, hatte diese Kinder von den Straßen geholt und sie in einem Haus neben der Barockkirche *Fronteiras* (Grenzen) untergebracht, die zur Erzdiözese Olinda und Recife gehört. Nach seinem Tod hat Demetrius Demetrio, ein junger Mann von außergewöhnlichem Glauben und Mut, seine Nachfolge als Leiter der *Comunidade dos Pequenos Profetas* (Gemeinschaft der kleinen Propheten) angetreten. Er war in jener Nacht mein Begleiter in den Straßen von Recife. Ich fragte ihn: »Warum diese Verstümmelungen?«

Demetrius: »Die kleinen Mädchen werden regelmäßig von Polizisten oder gewöhnlichen Kriminellen missbraucht … Ihr Essen müssen sie stehlen … Sie überleben dank des Schnüffelns von Klebstoff, der billigsten Droge.«

Ich: »Aber warum die Selbstverstümmelungen?«

Demetrius: »Sie sagen, sie wollen sich für ihr schlechtes Leben bestrafen.«

Eine andere Nacht, ein Junge von etwa zehn Jahren sagte zu mir: »*Eu tenho cola porque não tenho vida.*« (»Ich schnüffle, weil ich kein Leben habe.«) Seine Arme waren mit Narben übersät.

Die Situation der Kinder von Moria und die der jungen Drogenabhängigen von Recife sind natürlich nicht zu vergleichen. Aber die abgrundtiefe Verzweiflung, die diese Kinder beseelt, ist die gleiche.

Die Zeit, hanseatischer Leuchtturm des deutschen Bildungsbürgertums, ist wahrlich kein Publikationsorgan der extremen Linken. Immerhin hat sie Moria einen Artikel gewidmet, der den Titel trägt: »Die Leute leben hier wie Tiere«.[54]

Caroline Willemen verfolgt die Entwicklung zahlreicher Kinder über lange Perioden. Fast wörtlich wiederholt sie die Feststellung der *Zeit*: »Diese Kinder werden unmenschlich behandelt, wie Tiere.« Sie schweigt. Ihre Augen sind feucht. Nachdenklich fügt sie hinzu: »Ich hätte nie geglaubt, dass so etwas in Europa möglich ist.«

---

[54] »Die Leute leben hier wie Tiere«, in: *Die Zeit*, 24. Mai 2019.

In Moria häufen sich die Suizidversuche, nicht nur bei Erwachsenen, sondern auch bei Kindern.

Alessandro Barberio arbeitet als Psychiater bei *Ärzte ohne Grenzen*. Entsetzt über die rasche Zunahme der Selbstmordversuche, hat er folgenden offenen Brief publiziert: »In all den Jahren meiner ärztlichen Tätigkeit habe ich noch nie so viele Menschen gesehen, die unter schweren psychischen Erkrankungen leiden, wie unter den Flüchtlingen auf der Insel Lesbos. Die überwiegende Mehrheit der Patienten, die psychotische Symptome zeigen, äußern Suizidgedanken – oder haben sogar schon Selbstmordversuche unternommen. Häufig sind sie verwirrt, unfähig, mit ganz alltäglichen Erfordernissen zurechtzukommen, wie zu schlafen, normal zu essen, für eine ausreichende Körperpflege zu sorgen und vernünftig mit anderen zu kommunizieren.«[55]

Barberio versucht, diese Situation zu erklären: »Wenn sie auf Lesbos ankommen, glauben sie immer, nach sehr schlimmen Erlebnissen eine Art Licht zu sehen. Doch dann entdecken sie, dass der Albtraum noch nicht vorbei ist. Im Lager Moria müssen sie noch eine lange Wartezeit ertragen und können nichts tun.«[56]

Die Journalistin Sarah Halifa-Legrand bestätigt diese Diagnose. Ihre Reportage erschien im *Nouvel Observateur* unter dem Titel: »*Lesbos, l'île où les migrants deviennent*

---

[55] Alessandro Barberio, Veröffentlichung der *Ärzte ohne Grenzen*, 17. September 2018.
[56] Ebd.

fous« (»Lesbos, die Insel, auf der die Migranten verrückt werden«).[57]

Mathilde Weibel, Delegierte des Internationalen Komitees vom Roten Kreuz, fasst die Situation wie folgt zusammen:

Zuerst bemerkt man die Spuren der Selbstverstümmelung auf ihren Unterarmen. O., 34 Jahre. S., 22 Jahre. M., 20 Jahre. A., 26 Jahre. Syrer, Afghane, Kurde, Iraker. Alle sind sie gleich vor der Verzweiflung oder Wut, die jeden Tag etwas höher steigt. Verrückt geworden davon, zu warten und sich im Kreise zu drehen. Die Selbstverstümmelungen sind nur der sichtbarste Teil dessen, was an ihnen frisst. Es fällt schwer, ihnen in die Augen zu sehen. Und wenn man sie schließlich fragt, was ihnen zugestoßen ist, hört man jedes Mal die gleiche Antwort. »Moria.«
[...]
In Moria muss man auf alles warten. Auf das kalte Duschen, den Zugang zu den Toiletten, die Ausgabe des verschimmelten Essens oder der schmutzigen und zu großen Kleidung. Man irrt auf den feuchten Wegen umher, tritt einen Fußball, versucht, die Zeit zu vergessen, die nicht vergeht, den Blick auf die Olivenhaine gerichtet. Man versucht, sich nicht an den täglichen Prügeleien zu beteiligen, man macht sich ganz klein, um nicht Partei zu ergreifen. Am Abend legt man sich auf einen Bodenteppich zwischen seine Mutter und seinen kleinen Bruder und be-

---

[57] *Le Nouvel Observateur*, 20. Juni 2019.

tet, dass man Schlaf findet in dem riesigen Zelt inmitten der Seufzer der einen und dem Gemurmel der anderen.
[...]
Moria heißt auf Spanisch *er starb*. Und genau das tut man in Moria. Man stirbt auf kleiner Flamme. Langsam. Von innen. Zuerst wird man krank, immer, während der ersten Tage. Die Erschöpfung, das Essen, die mangelnde Hygiene. Dann der Verlust der Hoffnung. Bis man es eines Tages ergreift, das Messer, das zu sehen man sich weigerte. Von dem man glaubte, es sei den anderen vorbehalten, den Schwachen. Nein, eines Tages, ohne zu wissen, wie, sind wir es, die es machen wie sie, ohne den Blick von dem strömenden Blut abwenden zu können.

Und etwas weiter:

Auf Lesbos dient die Schönheit der Landschaft nur dazu, den Schrecken des Geschehens zu vertiefen. Am Strand, später in den Cafés, gehen die Touristen und die syrischen Schiffbrüchigen so selbstverständlich miteinander um, dass man bald nicht mehr weiß, wer wer ist, wenn die Dämmerung auf das Weiß des Tages folgt. Entlang der Küste, wo ich die Straße mit den Ziegen teile, die sich widerwillig erheben, wenn das Auto näher kommt, lenkt das Blau des Meeres den Blick auf die türkische Küste. Die Augen, noch geblendet vom Sonnenuntergang, können nur mühsam das fluoreszierende Orange Tausender von Schwimmwesten ausmachen, die dort entsorgt wurden, weil man sie ja irgendwo lassen musste. Einige sind schon verblasst, vor

Monaten fortgeworfen. Im Vordergrund fällt ein kleiner Haufen ins Auge. Kräftiges Orange. Die Ankömmlinge von gestern.

Tag für Tag landen ungefähr hundert Personen mit Booten auf der Insel, von der Türkei kommend, die so nah ist – sieben Kilometer –, dass einige den Weg sogar schwimmend zurücklegen. Etwas früher in dieser Woche landete in Mistegna, sechzehn Kilometer nördlich von Mytilini, ein Schiff, das 72 Menschen an Bord hatte – 18 Frauen, 20 Männer, 34 Kinder. Zwei Tage später legten auf Lesbos fünf Boote an, die die Zahl der Ankömmlinge an diesem Tag auf 203 Personen steigen ließen. Man wird sie nach Moria bringen, registrieren, und in der Vorhölle einer apathischen Bürokratie dahinvegetieren lassen – eine neue Kalypso, die in ihren Netzen festhält, wer auf ihrer Insel strandet. Ein winziger Prozentsatz von ihnen wird nach zehn, fünfzehn Monaten die Erlaubnis bekommen, die Insel Richtung Athen zu verlassen. Die Syrer zuerst. Die anderen, Kurden, Afghanen, Malier etc., werden in die Türkei zurückgeschickt, wo sie eine Zeit lang vom europäischen Radar verschwinden, bevor sie sich wieder auf die Reise machen.[58]

---

[58] Mathilde Weibel, Pièges à rêves, *op. cit.,* S. 7–11.

XVII

Die Hotspots verstoßen gegen die meisten Menschenrechte der Häftlinge, die sie beherbergen. Insbesondere verletzen sie das Asylrecht. Boutros Boutros-Ghali, der inzwischen verstorbene ehemalige Generalsekretär der Vereinten Nationen, brachte es auf den Punkt: »Als Bezugssystem konstituieren die Menschenrechte die gemeinsame Sprache der Menschheit, dank der die Völker gleichzeitig die anderen verstehen und ihre eigene Geschichte schreiben können. Die Menschenrechte sind definitionsgemäß die letztgültige Norm aller Politik [...] Sie sind ihrem Wesen nach Rechte in Bewegung. Damit will ich sagen: Sie sprechen unwandelbare Gebote aus und bringen zugleich einen Augenblick des geschichtlichen Bewusstseins zum Ausdruck. Sie sind also zugleich absolut und situationsbedingt.«[59]

Boutros-Ghali fährt fort: »Die Menschenrechte sind nicht der kleinste gemeinsame Nenner aller Nationen, sondern, ganz im Gegenteil, das, was ich den Wesenskern

---

[59] Zitiert bei: Hervé Cassan, »La vie quotidienne à l'ONU du temps de Boutros Boutros-Ghali«, in: *Mélanges offerts à M. Thierry*, Paris, 1997. S. 8.

des Menschlichen nennen möchte, die Quintessenz der Werte, durch die wir gemeinsam bekunden, dass wir eine einzige menschliche Gemeinschaft sind.«[60]

In Anlehnung an Hegel könnte man hinzufügen, dass die Menschenrechte (und darunter auch das Recht auf Asyl) – die bürgerlichen und politischen wie die wirtschaftlichen, sozialen und kulturellen Rechte – das relativ Absolute, das konkret Universelle darstellen.

Die EU ist eine Wertegemeinschaft. Die Menschenrechte bilden ihre Grundlage. Mit der Aushöhlung des Asylrechts und den eklatanten Verletzungen der Flüchtlingsrechte zerstört die EU die Grundlagen, auf denen sie selbst 1957 errichtet wurde.

Am 26. Mai 2019 wählten viele Dutzend Millionen Europäer ihr Parlament. Dann handelten die Staats- und Regierungschefs untereinander die Nominierung der Kandidaten für die Schlüsselposten der Union aus: der Präsidentschaft der Kommission, der Europäischen Zentralbank und des Europäischen Rates. Am 16. Juli wurde die konservative deutsche Politikerin Ursula von der Leyen vom europäischen Parlament zur Kommissionspräsidentin gewählt. Von der Leyen ist eine elegante Frau in den Sechzigern und spricht ein gepflegtes Französisch.

Ein Mann triumphierte: Viktor Orbán. Während der Parlamentswahlen war der führende deutsche Konservative Manfred Weber der erklärte Kandidat seiner Partei

---

[60] Ebd.

für die Präsidentschaft der Kommission. Weber vertrat die Ansicht, dass gegen Mitgliedstaaten, die den Flüchtlingsverteilungsplan ablehnen, Sanktionen verhängt werden müssten. Nach seiner Meinung müssen die regionalen Kohäsionsbeiträge für flüchtlingsfeindliche Staaten – im Wesentlichen also die osteuropäischen Staaten und im Besonderen Ungarn – gestrichen werden.

Denn Orbán weigert sich, das Asylrecht anzuerkennen. Wie allgemein bekannt, wird ein verfolgter Flüchtling, der die Grenze überquert, um jenseits der Stacheldrahtverhaue auf ungarischem Boden einen Asylantrag zu stellen, in der Regel von den Grenzsoldaten zusammengeschlagen. Anschließend wird man ihn wegen Betretens ungarischen Hoheitsgebietes vor Gericht stellen und aller Wahrscheinlichkeit nach zu einer verschärften Gefängnisstrafe von drei Jahren verurteilen.

Der 1994 geschaffene Kohäsionsfonds ist eines der vielen regionalpolitischen EU-Instrumente. Aus ihm werden die Mitgliedstaaten subventioniert, deren Bruttoinlandsprodukt (BIP) deutlich unter dem EU-Gemeinschaftsdurchschnitt liegt, um die sozialen und wirtschaftlichen Unterschiede zwischen den Regionen auszugleichen und um europaweit Wachstum, Beschäftigung und nachhaltige Entwicklung zu fördern.[61]

---

[61] Er ist den gleichen Regeln – Planung, Durchführung und Kontrolle – unterworfen wie der Europäische Fonds für regionale Entwicklung (EFRE) und der Europäische Sozialfonds (ESF).

In dem Zeitraum von 2014 bis 2020 werden seine Nutz-nießer Bulgarien, Zypern, Kroatien, Estland, Griechen-land, Ungarn, Lettland, Litauen, Malta, Polen, Portugal, Tschechische Republik, Rumänien, Slowakei und Slowe-nien sein. Der Fonds wird insgesamt 63,4 Milliarden Euro für Projekte bereitstellen, die nach Einschätzung der EU von vorrangigem europäischem Interesse sind. Das betrifft die transeuropäischen Verkehrsnetze (vor allem den Schie-nenverkehr) ebenso wie die Bereiche Umwelt und Energie (vor allem die erneuerbaren Energien), Infrastruktur und öffentliche Bauvorhaben etc. So sorgten beispielsweise Hunderte Millionen Euro aus europäischen Fonds für eine Renovierung und ein erweitertes Schienennetz der Metro in Budapest. Doch durch einen Beschluss des Ra-tes mit qualifizierter Mehrheit können diese finanziellen Hilfen ausgesetzt werden.

Im Straßburger Parlament ging die Wahl der neuen Kommissionspräsidentin denkbar knapp aus. Die Kan-didatin konnte noch nicht einmal auf die Stimmen aller deutschen Abgeordneten zählen. Die deutschen Sozial-demokraten haben gegen sie gestimmt. Selbst in ihrem eigenen konservativen Lager gab es Dissidenten. Um die Mehrheit zu bekommen, musste sie sich also – im Aus-tausch gegen welche Versprechen? – die Stimmen der re-aktionärsten, fremdenfeindlichsten und in der Flücht-lingsfrage unnachgiebigsten Abgeordneten sichern. So haben die polnischen Nationalisten für sie gestimmt ebenso wie die 13 Abgeordneten aus dem Lager von Vik-tor Orbán. Auch die 14 Abgeordneten der italienischen

Bewegung Cinque Stelle, die damals in der Regierung ein Bündnis mit der extrem rechten Lega von Matteo Salvini geschlossen hatten, gaben von der Leyen ihre Stimme. Am Ende wurde sie mit nur neun Stimmen Mehrheit gewählt.

Am 19. Juli 2015 hielt die neue Kommissionspräsidentin ihre erste Pressekonferenz in Brüssel ab. Obwohl sie ihr Amt erst im Dezember antreten würde, skizzierte sie schon damals die großen Umrisse ihrer künftigen Politik. Die Flüchtlinge? Kein Wort über konsequente Strafen für die Saboteure des EU-Verteilungsplans. Statt Sanktionen anzukündigen, versprach sie eine »Intensivierung des Dialogs« mit den reaktionären Regimen Osteuropas.

Ihre Vorhersagen klingen eher dunkel: »Die Migrationsfrage wird uns auch in den kommenden Jahrzehnten begleiten. Fortschritte sind nur mit einem dauerhaften Konzept möglich… Das beginnt in Afrika, wo wir enorm investieren müssen. Es setzt sich fort im Kampf gegen die Kriminalität, die Schleuser und die Schmuggler. Wir brauchen gesicherte Außengrenzen und eine gemeinsame Auffassung von den Regeln des Asylverfahrens.«[62]

Kein Bruch mit der Praxis, die Flüchtlinge auf offener See zurückzudrängen! Kein Wort über die Tragödie der Hotspots!

Für die neue Präsidentin der Kommission ist die gewaltsame Zurückweisung und die implizite Verweigerung des universellen Rechts auf Asyl in einer expliziten Über-

---

[62] *Le Monde*, 20. September 2019.

zeugung verankert: Wir müssen Europa vor den Barbaren schützen.

In dem Zeitraum zwischen ihrer Wahl vom 16. Juli und ihrer Amtseinführung am 1. Dezember musste Ursula von der Leyen, wie jeder neu gewählte Regierungschef, ihre Mannschaft zusammenstellen und die Inhalte und Kompetenzen jedes Ressorts definieren.

Alle Mitgliedstaaten der EU haben das Recht auf einen Sitz in der Exekutive. Sie können ihren Kandidaten frei bestimmen. Aber dessen Wahl muss vom Parlament ratifiziert – oder abgelehnt – werden. Dem griechischen Kommissar Margaritis Schinas übertrug von der Leyen den Aufgabenbereich »Migration und Schutz der europäischen Lebensweise«. Beobachter meinten, diese Wortwahl sei eine Konzession an die osteuropäischen Regierungen und ihren radikalen Widerstand gegen jede Form der Einwanderung und das Solidaritätsprinzip.

Von zahlreichen Kollegen unterstützt, richtete die grüne Europaabgeordnete Karima Delli daraufhin ein Protestschreiben an die neue Präsidentin, dessen Fazit lautete: »Diese neue Kommission darf ihre ersten Schritte nicht mit einer extrem rechten Semantik belasten.«[63]

Ein Protest, der wahrscheinlich vergeblich sein wird.

Unterdessen arbeiten die Eurokraten mit Volldampf daran, in Griechenland, Italien, aber auch in anderen Regio-

---

[63] *Le Monde*, 14. September 2019.

nen an den Außengrenzen der Festung Europa, neue Hotspots anzulegen und die alten zu erweitern. Im bürokratischen Jargon spricht man aber fortan nicht mehr von Hotspots, sondern von dem Konzept der »kontrollierten Zentren« und »Ausschiffungsplattformen« *(Disembarkation points)*. Hinter diesem Begriffsungetüm versteckt sich der Plan, aus Seenot gerettete Menschen in Lager etwa in Tunesien, Marokko oder Algerien zu verbringen, sodass sie ihre Schutzanträge nicht mehr in Mitgliedstaaten der EU stellen können.

Am Sitz des UN-Hochkommissariats für Menschenrechte schrillen sämtliche Alarmglocken.

Benjamin Lewis ist ein hochkompetenter amerikanischer Jurist in der Abteilung »Migration und Menschenrechte« des Hochkommissariats und ein leidenschaftlicher Verfechter der Menschenrechte. Er sagte mir: »Wir haben gesehen, dass diese Hotspots in Wahrheit Haftzentren sind, die den Bewohnern die Freiheit nehmen und gegen zahlreiche Menschenrechte verstoßen, insbesondere gegen das Recht auf Gesundheit, das Recht auf angemessene Unterkunft, das Recht auf Familie, das Verbot von Folter und anderen unmenschlichen Behandlungen, gegen das Recht auf Asyl und gegen jeden anderen Schutz, den das Völkerrecht verlangt.[64]

Aber weder Benjamin Lewis und seine Kollegen noch Michelle Bachelet, Hochkommissarin für Menschen-

---

[64] Gespräch mit dem Autor, Juli 2019.

rechte, haben die Mittel, die Vervielfältigung und Erweiterung der Hotspots zu verhindern.

Allein das kollektive Handeln der Aktivistinnen und Aktivisten der sozialen Bewegungen und anderer Organisationen der Zivilgesellschaft bietet die realistische Chance, die Herrschaft des Gesetzes wiederherzustellen, die Geltung des Asylrechts und aller Menschenrechte gegen die Willkür der Brüsseler Kommissare durchzusetzen und diese mörderische Politik zu beenden.

Im August 2019 hat der neue griechische Ministerpräsident Kyriakos Mitsotakis zwei Dringlichkeitsmaßnahmen ergriffen. Zum einen hat er eine Spezialeinheit der Polizei zur Bekämpfung der »illegalen Migration« eingerichtet – die *Black Panthers* –, zum anderen hat er die gewöhnlichen Sicherheitskräfte um 1500 zusätzliche Polizisten verstärkt. Ihre Aufgabe? »Häufigere Identitätskontrollen« von Ausländern in den Städten. *Human Rights Watch* ist in Sorge: »Das ist die Rückkehr zu den schlimmen Zeiten, als Tausende von Einwanderern ungerechtfertigt festgenommen und auf den Polizeirevieren häufig brutal misshandelt wurden.«[65]

Die Zahl der Hotspots, in denen Zehntausende von Flüchtlingen weiterhin zwischen Abfall und hinter Stacheldraht dahinvegetieren, möchte Mitsotakis erhöhen. Außerdem sollen durch Einführung neuer Verfahrensweisen noch mehr Flüchtlinge daran gehindert werden, ihre Rechte geltend zu machen.

---

[65] *Le Monde*, 20. August 2019.

Gegenwärtig dienen die Hotspots einer offenkundigen Strategie: der Abschreckung und dem Terror. Sie sollen einen solchen Schrecken verbreiten, dass die Verfolgten darauf verzichten, ihre Länder zu verlassen. Diese Informationen machen in der Welt der Flüchtlinge die Runde. So hoffen die finsteren Bürokraten der EU, Fluchtwillige abzuschrecken. Die Feinde der »europäischen Lebensweise« oder, wie der polnische Ministerpräsident sagt, die Gefährder der »ethnischen Reinheit« des Kontinents – die Flüchtlinge – soll angesichts der Verhältnisse auf Lesbos und in den anderen Hotspots das Entsetzen packen. Die Übeltäter in Brüssel lassen zu, dass sich in den Hotspots Überlebensbedingungen entwickeln, die an die Konzentrationslager unseligen Angedenkens erinnern, und hoffen so, die Flut der Flüchtlinge austrocknen zu können.

Diese Abschreckungsstrategie ist überall die gleiche. Im zentralen Mittelmeer hat die EU alle Maßnahmen zur Rettung schiffbrüchiger Flüchtlinge eingestellt. Sie bemüht sich nach Kräften, die Arbeitsbedingungen der Mannschaften auf den drei letzten von NGOs finanzierten humanitären Schiffen unerträglich zu machen. 2018 haben sich 272 000 Männer, Frauen und Kinder im zentralen Mittelmeer auf die Überfahrt nach Europa begeben. 6168 sind in den Fluten untergegangen.

»*The hot spot approach is a form of deterrence*« (»Das System der Hotspots ist eine Form der Abschreckung«), stellt das Danish Refugee Council nüchtern fest.[66]

---

[66] *Fundamental rights and the EU Hot Spot approach*, Kopenhagen 2019.

Vor dem UN-Menschenrechtsrat hat sich am 9. September 2019 Michelle Bachelet, die Hochkommissarin für Menschenrechte, mit großem Nachdruck geäußert. Michelle Bachelet wurde selbst von chilenischen Militärs unter der Diktatur von Augusto Pinochet gefoltert, als ihr Vater von diesen Militärs ermordet wurde. Auf internationalen Druck freigelassen, floh sie mit ihrer Mutter nach Ostberlin. In ihrer Rede hat sie der Welt die Situation im zentralen Mittelmeer vor Augen geführt:

»In den letzten Monaten haben gewisse europäische Regierungen sich bemüht, die Arbeit humanitärer Hilfsorganisationen zu kriminalisieren, zu behindern oder zu sabotieren. Diese Aktionen haben mörderische Folgen für die Erwachsenen und Kinder, die Aufnahme und Sicherheit suchen. Zwischen Januar und Juli 2019 hat das Hochkommissariat für Menschenrechte mehr als 900 Opfer gezählt, die im zentralen Mittelmeer ertrunken sind. Sicherlich haben viele weitere Menschen dort ihr Leben gelassen, ohne dass es zu unserer Kenntnis gelangt ist [...] Ich bin zutiefst beunruhigt über die mörderische Missachtung, die diesen verzweifelten Menschen entgegengebracht wird.«

In Italien, wo man die Opfer zu Tausenden begraben hat, ohne ihre Namen zu kennen, hat es sich die Rechtsmedizinerin Cristina Cattaneo zur Aufgabe gemacht, sie zu identifizieren. In ihrem Buch *Naufragés sans visage. Donner un nom aux victimes de la Méditerranée*[67], erklärt

---

[67] Übersetzung aus dem Italienischen, Paris 2019.

sie: »Die toten Migranten nicht zu identifizieren, ist eine Menschenrechtsverletzung.«

Die europäische Strategie ist zutiefst unmoralisch. Aber sie ist überdies auch vollkommen unwirksam, wie die Tatsache beweist, dass jede Woche Hunderte neuer Flüchtlinge auf den griechischen Inseln in der Ägäis eintreffen: Ein Vater, der in Kabul gesehen hat, wie sein Kind von der Bombe eines Terroristen in Stücke gerissen wurde, wird mit seinen überlebenden Kindern die Flucht ergreifen, ganz gleich, wie die Situation im Moria ist. Eine kurdische Mutter aus Kobanê, deren Haus von der türkischen Artillerie in Schutt und Asche gelegt wurde und deren Familie wie durch ein Wunder dem Blutbad entkommen ist, wird nur von einem einzigen Gedanken beseelt sein: mit den Ihren zu fliehen, egal, was man sich von den Hotspots in der Ägäis erzählt.

Die meisten Mitgliedstaaten, die bis 1990 unter dem sowjetischen Joch gelebt haben, sind heute Bettlerstaaten. Sie leben im Wesentlichen von den vielen Milliarden Euro, die die EU ihnen im Rahmen der Hilfe für den regionalen Zusammenhalt zukommen lässt. Den Staaten, die die Verteilung der Flüchtlinge ablehnen, das Asylrecht leugnen und die Verfolgten, die sich an ihren Grenzen zeigen, mit elektrischen Schlagstöcken, Eisenstangen und scharfen Hunden empfangen, müssen diese Zahlungen gestrichen werden.

XVIII

1776 wurde Benjamin Franklin zum ersten Botschafter der jungen amerikanischen Republik in Frankreich ernannt. Er war damals 70 Jahre alt. Franklin, zusammen mit Thomas Jefferson Verfasser der am 4. Juli 1776 in Philadelphia unterzeichneten Unabhängigkeitserklärung mit der vorangestellten ersten Menschenrechtserklärung, genoss in Paris ein immenses Ansehen in den vorrevolutionären Kreisen und literarischen Salons.

Das mitten im Viertel Saint-Germain-des-Prés gelegene Café *Procope* war der bevorzugte Treffpunkt der jungen Revolutionäre. Franklin war dort Stammgast. Eines Abends trat ein junger Mann an den Tisch des berühmten Gelehrten, der dort speiste, zog ihn am Ärmel und stellte ihn lautstark zur Rede: »Die Welt ist nichts als Ungerechtigkeit und Elend. Wo bleibt die Sanktion? Hinter eurer Erklärung, Herr Franklin, steht keinerlei Justiz oder Militärgewalt, die Respekt verschaffen könnte ...« Franklin antwortete ihm: »Falsch, mein Freund! Hinter dieser Erklärung steht eine beträchtliche, unvergängliche Macht: die Macht der Schande *[the power of shame]*.«

Der junge Mann war ein Rechtsanwalt von 20 Jahren –
Georges Danton.

Die Europäische Union ist eine demokratische Konstruk-
tion. Es gibt keine prinzipielle Ohnmacht in der Demo-
kratie. Wir, die Bürgerinnen und Bürger, verfügen über
die Macht der Schande. Es ist an uns, die Machtverhält-
nisse zu verändern. Wir müssen die öffentliche Meinung
mobilisieren und unseren Kampf organisieren. Der Strategie der Abschreckung, die die moralischen Grundlagen
Europas zerstört, den Krieg erklären.

Wir, die Völker Europas, müssen dafür sorgen, dass die
europäischen Zahlungen an die flüchtlingsfeindlichen
Staaten sofort beendet werden.

Überall auf dem Kontinent müssen wir für die strikte
Einhaltung des universellen Menschenrechts auf Asyl
kämpfen.

Wir müssen die sofortige und endgültige Schließung
aller Hotspots durchsetzen, wo immer sie sich befinden.

Denn sie sind die Schande Europas.